入社1年目から差がついていた!

お金が貯まる人は何が違うのか?

What do rich person do in their life?

工藤将太郎
Shotaro Kudo

すばる舎リンケージ

はじめに

ズボラでも、年収が低くてもお金は貯まる!

こんにちは。工藤将太郎です。

突然ですが、あなたに質問です。

あなたはお金を貯めたいですか?

「もちろんです!」

そんな声が聞こえてくるようですね。

では、あなたがその夢を実現できるよう、この本で少しでもお手伝いができたらと思います。


私は現在、資産運用やマネープランニングの専門家として、お金の貯め方や増やし方をアドバイスする仕事をしています。

大学卒業後、生命保険会社に就職した私は、法人営業の仕事をしながら金融に関する知識を深めました。

また、その知識や経験をもとに、自分でも海外投資や不動産投資を実践して、お金を増やすノウハウを確立しました。

そして28歳のとき、資金が少ない若いうちこそ、効率よく資産形成をする必要があると考え、20代、30代を専門にするクレア・ライフ・パートナーズという会社を立ち上げたのです。

私はその中で、「お金が貯まる人」と「お金が貯まらない人」の違いをはっきりと目《ま》の当たりにしてきました。

私のもとに相談に来るのは、その多くが20代や30代前半の若い世代です。

彼らの多くは「年収が少ないのに、どうしてもお金を使ってしまう」という人や、「お金を貯めたいけど、どうしたらいいかわからない」というお金の悩みを抱える人たちでした。

お金の悩みや苦労を自分ひとりでは解決できず、どうしようもなくなり、お金のプロのところへ助けを求めて駆け込んできたのです。

〝ムダ遣い中毒者〟の3人

20代から30代前半の人たちは、知識や経験の少なさから、びっくりするほど無謀なお金の使い方をしている〝ムダ遣い中毒者〟が多い――そのことに、数多くのクライアントと向き合いながら気づきました。

たとえば、年収420万円の銀行員のAさん（27歳）は自己啓発が大好きで、借金をしてまで高額なセミナーや教材にお金を注ぎ込んでいました。

それまでにした借金の総額は、なんと400万円。銀行のカードローンや信販系など、合わせて3つの金融機関からお金を借りていました。

月々の返済額は11万円で、もちろん貯金に回せるお金はありませんでした。

しかも、自己啓発にお金をかけても、満足のいく結果が得られないことも多々。

さらに、「必ず儲かる」と言われて、数十万円もするFXや競馬のソフトを何本も買ったそうですが、結局1円も利益を得られないまま終わりました。

看護師のBさん（23歳）はとにかく「遊びたい」という欲が強い人でした。友人や知人に誘われるまま、毎日のように飲み会や旅行、レジャーなどにお金を使う生活。平日は週5で飲みに行き、週末は夏ならバーベキュー、冬ならスノーボードへ泊まりがけで出かけ、月に一度はディズニーランドに行く。それが彼女の日常でした。それに加えて、長期休暇には海外旅行をするのも欠かせません。

年収は同世代の人より多く、500万円もらっていましたが、これだけ遊び回ればお金はどんどん飛んで行きます。当然、貯金はゼロです。

派遣社員のCさん（30歳）は、年収が240万円と少ないため、欲しいものがあるとクレジットカードで買うクセがついていました。

しかも一回払いではなく、月々の返済額が一定の「リボ払い」を利用します。のちほど詳しく説明しますが、「リボ払い」は一回の返済額が少ない代わりに、購入金額（＝元金）外の手数料が極めて高くなるという悪魔のような仕組みです。

Aさん 年収420万円
銀行員、27歳

- 自己啓発大好き
- 高額セミナー費や教材費にお金を注ぎ込む
- 3つの銀行カードローンや信販系から借金総額400万円！
- 「必ず儲かる！」にだまされ、FXや競馬のソフトを購入…

Bさん 年収500万円
看護師、23歳

- とにかく遊びたい
- 平日は毎日飲み会
- BBQ、スノボなどみんなが好きなものが好き！
- ディズニーランド、海外旅行が最高の息抜き！

Cさん 年収240万円
派遣社員、30歳

- 買い物はすべて「リボ払い」
- 同じような保険に何個も加入
- 毎月カードの返済と保険料の支払いで現金はほぼゼロ…

しかもCさんは、将来への不安から、生命保険にいくつも加入していました。「リボ払い」の借金の返済に加え、月々の保険料の支払いが約2万3000円と、重くのしかかり、Cさんは「このままでは生活できなくなるかもしれない」という不安をますます募らせていったのです。

私のもとを訪れたとき、この3人は典型的な「お金が貯まらない人」でした。

しかし、弊社で一緒にお金の使い方や管理の仕方を見直した結果、全員が計画的に貯金できるようになったのです。

最終的にAさんは借金の借入方式を金利が安いローンにまとめることで、1年半で借金400万円を全額返済。その後、約2年の投資期間を経て、不動産資産3000万円、貯金・投資額含めた金融資産は200万円ほどに。

Bさんは投資などはせず、貯金のみで約2年間で200万円の貯金に成功。

Cさんは保険料の支払いが毎月約7000円になり、貯金も毎月2万円ずつできるようになりました。

あれほどムダ遣いを繰り返していた人たちが、今ではすっかり「お金が貯まる人」へ変身を遂げたのです。

これでわかる通り、お金に関する基本的な考え方や仕組みを理解すれば、誰でもお金が貯まるようになります。

本人の能力や職業、年収などは、まったく関係ありません。

どんなにズボラでも、年収が低くても、貯金がゼロでも、早い段階から「仕組み」さえつくれば、必ず「お金が貯まる人」になれます。もちろん、1000万円貯めることだって可能なのです。

入社1年目から貯め始めれば、一生お金に困らない

お金に関する考え方の基本は、できるだけ早く身につけたほうがいい。

それが私の持論です。

先ほどご紹介した3人は、「お金が貯まる人」に変われたわけですが、全員が「もっと早く知っておきたかった」「20歳のときに知っていればなあ」と口をそろえて言って

いました。

入社1年目は学生時代のアルバイトとは異なり、今までの人生の中で一番大きな額のお金を手にする人が多いことでしょう。

手にする金額が大きければ大きいほど、やりたいことや、欲しいもののレベルが今までより上がり、お金をどんどん使ってしまいがちです。

そうなると、お金の管理の仕方や使い方が荒くなってしまいます。

ですから、入社1年目からお金に関する考え方や、自分なりの使い方をきちんと身につけておかないと、一生お金を貯めることは難しくなってしまうでしょう。

入社1年目からお金に対する意識を持つことができれば、「この買い物は本当に必要かな?」「これだけの金額を支払う価値があるのだろうか?」と考える習慣がつきます。

そうすれば、先ほどの3人のように、せっかく働いて稼いだお金をムダ遣いで失ってしまうこともありません。

また、同じ額を貯金するにしても、1年で貯めるのと10年かけて貯めるのとでは、プロセスがまったく変わってきます。

「30歳までに100万円貯めたい」という人が、入社1年目からコツコツ貯めていけば、

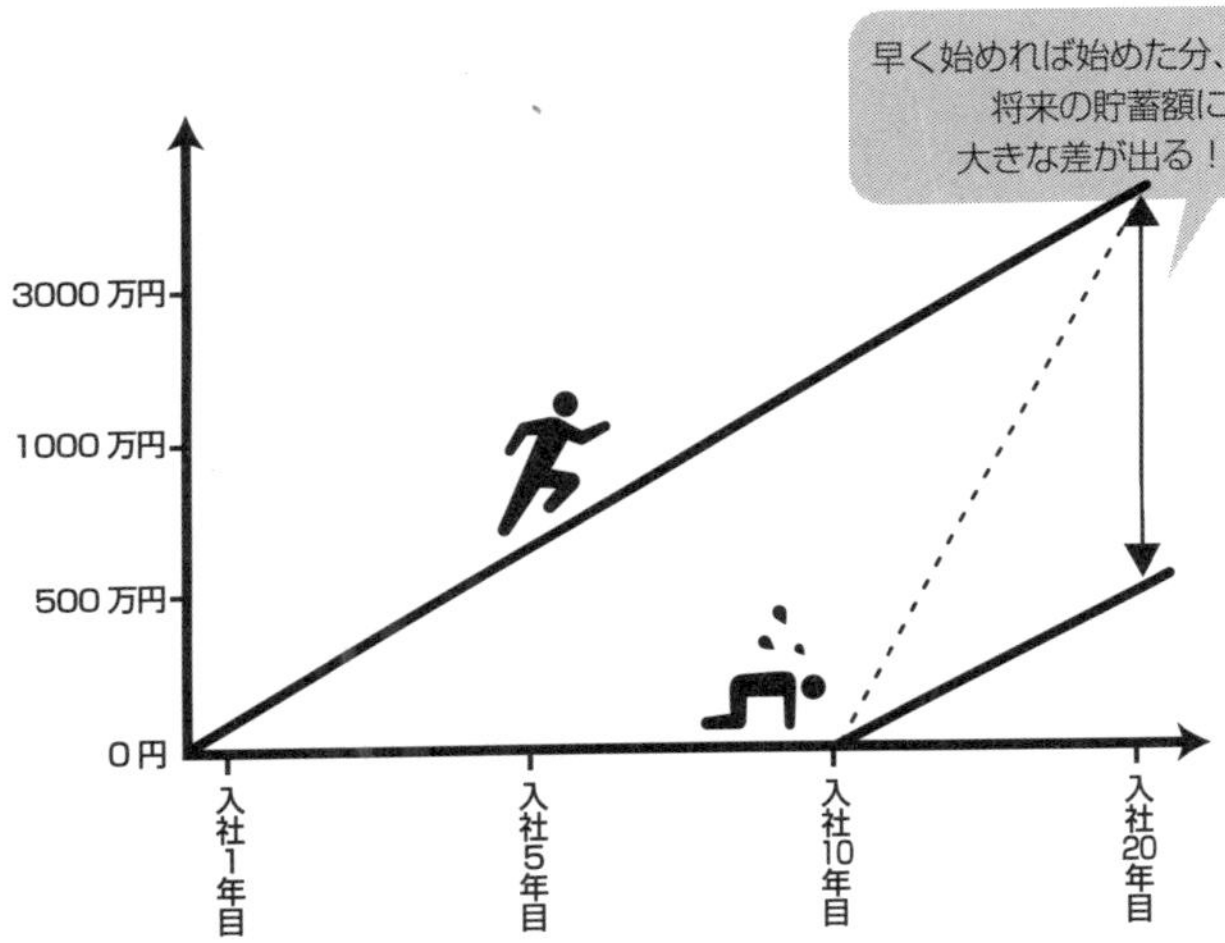

それほど無理なく目標を達成できるでしょう。

現在23歳の人なら、月に2万円ずつ貯めていけば、7年後には通帳に100万円以上入っているはずです。

しかし、現在29歳の人が同じ目標を立てたらどうでしょうか。

毎月8万円以上貯金しないと、1年後の30歳までに100万円を貯めることはできません。それが無理なら、一発逆転を狙ったギャンブルのようなものに賭けてみるしかないでしょう。

これは山登りでイメージするとわかりやすいと思います。

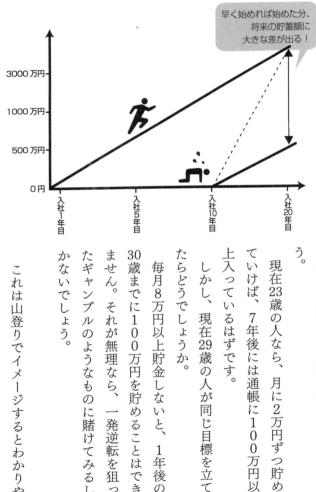

同じ山頂を目指すとしても、早くスタートした人はゆるやかな坂をゆっくり歩いていけばいいので、とてもラクだし楽しく登れます。

一方、スタートが遅れた人が同じ時刻までに山頂にたどり着くには、がけのような急斜面を登らなければ間に合いません。

がけから落ちる危険もあるし、たとえたどり着けても、体力も気力も使い果たしてボロボロのはずです。

あなたなら、どちらのルートで登りたいと思いますか？

答えはきっとすぐに出るはずですよね。

だから私は、入社1年目からお金を貯めることを意識してほしいのです。

この〝クセ〟を早めに改善すれば、一生お金に困ることなく暮らしていけるのです。

この「仕組み」で、無理せず賢く、勝手にお金が貯まり続ける

私が考える「お金が貯まる人」の定義は、とてもシンプルです。

それは「**お金が貯まる仕組みをつくり、無理せず賢く貯金を続けられる人**」です。

お金を貯めるには、食費や光熱費をギリギリまで切り詰めたり、本当に必要なものを買わずにあきらめるような、ケチケチした〝節約〟生活をする必要はありません。

仕組みさえつくれば、お金は勝手に貯まっていきます。

努力も我慢もすることなく、いつの間にか貯金が増えていくのです。

「そんなうまい話があるはずない！」

そう思うかもしれませんね。

でも本当なのです。

本書では、「お金が貯まる人」と「お金が貯まらない人」を対比しながら、お金が貯まる方法を具体的に説明していきます。


第1章では、さっそく「**お金が貯まる仕組み**」のつくり方を紹介します。

この「仕組み」は、内容が複雑だったり、専門知識がなければできないものではありません。入社1年目の人でも、誰でも今すぐ、同じ「仕組み」をつくることができます。

第2章では、「**お金が貯まる人は、自然とお金が貯まる習慣を身につけている**」ということを話します。

クレジットカードの使い方や、コンビニでの買い物の仕方など、こちらもあなたが今日から真似できることばかりです。入社1年目の人はもちろん、20代、30代、40代の人にもぜひ身につけてほしい内容です。

第3章では、「**お金が貯まる人は、なぜケチケチ"節約"しないのか**」を解説します。

お金が貯まる人ほど、高級店で食事をしたり、移動にお金のかかる新幹線やタクシーを利用したりします。それはなぜか。その理由をお教えしましょう。

第4章では、「**お金が貯まる人は、若いうちから資産運用を始めている**」ということを解説します。

資産運用は「お金に働いてもらう手段」です。資産運用は「お金持ちだけがやるもの」と敬遠されがちですが、入社1年目こそ資産運用を始める絶好の機会なのです。

その理由を「時間×複利」の点から説明したいと思います。

第5章では、「**お金が貯まる人は、人生を楽しむためにお金を使っている**」ということをお伝えします。

お金が貯まる人は、お金を貯めることそのものを目的にしません。自分の人生を存分に楽しむためにお金を貯めているということをお話しします。

「お金が貯まる人」になるには、特別なスキルやテクニックはいりません。

毎日の行動や考え方を少し変えるだけで、必ず「お金が貯まる人」に変われます。

そのことを、ここでお約束しましょう。

入社1年目の人、20代の人だけではなく、30代、40代（使い方によっては、50代、60代以上）の人でも役立つテクニックを多く紹介しています。お金の使い方や貯め方の復習のために、本書を使っていただけたら、これほど嬉しいことはありません。

自分が「お金が貯まる人」になった姿を想像しながら、ぜひワクワクした気分でページをめくってください。

工藤将太郎

２０１７年3月

目次

お金が貯まる人は何が違うのか？

第1章 お金が貯まる人は、お金が貯まる仕組みを持っている

第2章

お金が貯まる人の、自然とお金が貯まる習慣

第3章

お金が貯まる人は、節約しない

第4章 お金が貯まる人は、お金にも働いてもらう

第5章

お金が貯まる人は、お金を使って人生を楽しむ

編集協力　塚田有香
カバーイラスト　ユリコフ・カワヒロ
ブックデザイン　金澤浩二(FUKIDASHI Inc.)
本文図版　李 佳珍

※本書に掲載されている各情報は、2017年2月時点のものです
※本書に登場する商品名、企業名、ブランド名、サービス名などは、一般に商標として登録されています。ただし、本書では煩雑になるのを避けるため、®表記などは省略しております

第1章

お金が貯まる人は、お金が貯まる仕組みを持っている

①

お金が貯まる人は、勝手にお金が貯まる仕組みをつくる

お金が貯まらない人は、意志に頼って挫折する

お金が貯まる人は自分で努力をしなくても、勝手にお金が貯まる仕組みをつくっています。どんなに面倒くさがり屋でも、貯金ができなかった人でも、仕組みをつくれば、必ずお金は貯まります！

貯金できないのは、意志が弱いせいではない！

ファイナンシャルプランナーである私のもとには、お金に関する悩みを抱えた20代、30代の人たちが毎日のように相談に訪れます。

その中でも多くの人が、まず口にするのはこんなひと言です。

「どうしても貯金ができないんです！」

さらに詳しく聞くと、こう続けます。

「なるべく節約して、余ったお金を貯金に回そうと思うのですが、どうしてもできなくて……」

そう言って困り果てている人を、これまでに数えきれないほど見てきました。

お金の専門家である私から見ても、それは仕方のないことだと思います。

「余ったお金を貯金する」のは、よほど意志の強い人でないとできません。

手元にお金があれば、ついつい使ってしまうのが人間です。

とくに、入社1年目の人は、学生時代のアルバイトに比べて、一度に手にする給与の金額が一気に増えます。つい使いたくなってしまうのも当然でしょう。決して自分を責める必要はないのです。

そんな人たちに私は、いつもこうアドバイスします。

「では、自動的にお金が貯まる仕組みをつくりましょう！」

入社1年目の人や20代の人がお金を貯めるためには「仕組み」づくりが一番大切です。

仕組みさえいったんつくってしまえば、ズボラな人でも、どんなに年収が低くても、お金は勝手に貯まっていきます。

私がおすすめするのは、**「自動貯蓄」の仕組みをつくること**です。

毎月の給与やボーナスが入ったら、使う前に決まった額を天引きして、貯金用の別口座へ移す。

つまり、**〝お金が自動的に貯まる仕組み〟をつくる**のです。

この仕組みが「自動貯蓄」です。

余ったお金を貯めるのではなく、まずは貯めたいお金を先取りして貯めてしまう。

そうすれば、意志の強さに関わらず、勝手にお金は貯まっていきます。

天引きする額は自分で決められるので、無理のない範囲でお金を貯めることができます。

しかも「天引き」というのがポイントです。

本来は、「支払われる給与から、あらかじめ税金や保険料が差し引かれる」という意味で使われますが、これと同じ仕組みを自分でつくってしまえばいいのです。

今はどの金融機関にも「自動送金」のサービスがありますから、給与の振り込み日に合わせて「毎月25日に、3万円を所定の口座へ送金する」などと設定しておけば、自分は何もしなくても貯蓄用の口座にお金が振り分けられます。

だから黙っていても、どんどんお金が貯まるのです。

お金がみるみる貯まる「自動貯蓄」の仕組み

私も会社員時代は、毎月の給与から「自動貯蓄」の仕組みで貯金していました。

入社1年目の頃、私は手元に入る金額が大きくなったことで、飲み会をはしごするなど、少し浮かれたお金の使い方をしていました。

しかし、このままでは手元にあるお金をすべて使ってしまうと思い、計画を立てやすく、自分で努力をしなくてもお金が貯まっていく「自動貯蓄」に取り組みました。

その頃は、月の手取りが約17万円だったので、その後給料が上がっても、昇給した分はすべて社内預金の積み立てに回すようにしていました。

そして、最終的には、毎月15万円ほどを貯金できるまでになりました。

「はじめに」で紹介した看護師のBさんもこの「自動貯蓄」の仕組みに取り組みました。

とにかく遊びたい欲が強かったBさんでしたが、毎月の給与から月4万円を「自動貯蓄」用の口座に自動送金するようにしました。

月4万円貯金に回すというと、多いように感じますが、Bさんの年収は500万円なので、月収は40万円ほどです。月の1割程度なので、それほど負担にはならない額です。

手元にお金があり、いつでも使える状態だとお金を使ってしまうので、「自動貯蓄」の仕組みを使って、**お金を使う前に天引き**したわけです。

その結果、Bさんは「残ったお金と相談しながら遊びに行けばいいんだ」と考えられるようになり、「自動貯蓄」の仕組みだけで、約2年間で200万円貯めることができました。

「自動貯蓄」の仕組みで、お金が貯まる人へ一歩前進したのです。

最初に天引きする金額は、月収の1割でいい

「自動貯蓄」の仕組みづくりをおすすめすると、こんな質問が飛んで来ます。

「収入の何割を天引きすればいいですか？」

しかし、こればかりは一律に何割と決めることができないのです。

もちろん私も専門家として、目安とすべき数字やデータは持っています。

セミナーなどでは、独身やひとり暮らしの人は年収の17％、実家暮らしの人（家賃負担等なし）は35％と説明しています。

ですが、その人の月収や生活パターンなどによって、貯金に回すべき割合は変わってきます。

「貯金することに慣れていない」「いきなり大きな金額を貯金に回せない」という人は、Bさんのように、最初は月収の1割でもいいのです。

まずは、**「自動貯蓄」の仕組みをつくることが大切**です。

だから最初は、「自分がやりたいことや好きなことを実現するためには、いつまでに、いくら必要かな？」と考えてみましょう。

たとえば、「好きなアーティストの海外公演に行くために、20万円貯めたい」という目標を立てたとします。

すると、「1カ月に2万円ずつ貯金して、10カ月後に20万円を目指そう」という貯金額が決まります。

あとは、「自動貯蓄」の仕組みを使って、10カ月待つだけです。

「お金を貯めたい」と思うからには、そのお金を使って何かを手に入れたいはずです。

「自動貯蓄」の仕組みは、年収が多い少ないに関わらず、誰でも確実にお金を貯めることのできる方法です。

お金が貯まる人は、年収が少ない入社1年目でも、「自動貯蓄」の仕組みを使って、目標から逆算して無理なくお金を貯めています。

お金が勝手に貯まる「自動貯蓄」

「自動貯蓄」の仕組みさえつくれば、
努力や苦労をしなくても
勝手にお金は貯まっていく！

「自動貯蓄」とは？

給与やボーナスが振り込み口座に入ったら
使う前に決まった額を天引きして
貯金用の別口座に移す

↓

お金を〝自動的に貯める〟システム！

「自動貯蓄」のメリット

意志の強さや収入の多さに関わらず、
誰でも今すぐ実践できる

**なかなかお金が貯まらない人は、
まずは仕組みづくりから始めよう！**

②

お金が貯まる人は、日々の生活でケチケチした〝節約〟をしません。
自分の支出全体を見て、ムダ遣いとなってしまっている項目を削っていきます。

お金が貯まる人は、携帯の料金プランを見直す
お金が貯まらない人は、缶コーヒーを我慢する

100円単位のケチケチした〝節約〟は続かない

入社1年目の人がお金を貯めるには、前項でお話しした「自動貯蓄」の仕組みをつくることが一番です。

それに加えて、今のあなたのお金の使い方を少し見直すだけで、お金はさらに貯まっていきます。

その方法とは、**「支出を減らす」**ことです。

私は必ずクライアントの方に、「『自動貯蓄』の仕組みがつくれたら、次は支出を減らしましょう！」

とアドバイスをするのですが、たいていの方は戸惑いながらこう言います。

「節約しなくていいって言いましたよね!? 結局何か我慢しなきゃいけないじゃないですか！」

そう言いたくなる気持ちもわかります。でも落ち着いて考えてみましょう。

「はじめに」でもお伝えしたように、私はお金を貯めるために切り詰めた〝節約〟は必要ないと思っています。

私が本書でやらなくてよいとしている〝節約〟とは「1円、10円、100円単位でムダ遣いをなくしていくこと」です。

〝節約〟とは具体的にはどういうものでしょうか？

たとえば、あなたの会社にもある自動販売機で考えてみましょう。

「なんだか眠たいな～」というときは、缶コーヒーやエナジードリンクを買って、スッキリしたいと思うこともあるでしょう。

会社に出勤する日はおよそ1カ月で20日前後。毎日100円の缶コーヒーを買ったとすると、1カ月の缶コーヒー代は2000円となりますね。

もし、「月末で財布が苦しいから、1週間コーヒーを我慢しよう」と決めると、500円〝節約〟できるわけです。

しかし、このような〝節約〟は毎回できるものではありませんし、金額は月によって変わるでしょうから、毎月決まった額を減らすことは難しいのです。

お金を貯める大原則は「支出を減らす」

それに対して、**「支出を減らす」とは、自分の支出を全体から見て、明らかに「これはもったいないな」と思うものを削っていくこと**です。

では、「支出を減らす」とはどのようなことなのでしょうか？

わかりやすい例でお話しすると、携帯電話の料金の見直しです。

たとえば、Dさんはソフトバンクのスマートフォンを使っています。

Dさんは、大学4年生のときに携帯を変え、「スマ放題」のプランで契約しています。

「スマ放題」とは月々2700円※で24時間電話し放題というプランです。

Dさんは大学生のときは友達と夜中まで電話をすることが多かったので、24時間電話し放題という「スマ放題」はDさんに非常に適したプランだと言えます。

しかし、社会人になると、仕事で帰宅時間が遅くなりました。家に早く帰れても、疲れてすぐ寝てしまうことが多くなり、電話をすることもほとんどなくなりました。

ここが「支出を減らす」ポイントです。

※価格は税抜き。通話定額基本料（2年契約時）の価格（2017年2月24日現在）。P040も同様。

今のDさんにとって、「スマ放題」は自分に合っているプランとは言えません。

ソフトバンクの他のプランを見てみると、「スマ放題ライト」というプランもあります。このプランは、月々1700円※で5分間通話無料というものです。

電話をする機会が減ったDさんも、「長電話はしなくなったし、5分間無料ならお得だよね」と思い、「スマ放題ライト」に契約内容を変更しました。

これだけで、自分では何の努力をすることもなく、毎月1000円支出を減らすことができます。

このようにお金が貯まる人は、日々の生活でケチケチした〝節約〟をするのではなく、自分の支出をトータルで見て、ムダにしている支出をごっそり減らしているのです。

これが、お金を貯めるための大原則です。

「お金を貯めるには収入を増やすしかない！」と思っている人が多いのですが、収入を増やすには、ある程度の時間がかかります。入社1年目や20代からいきなり収入を増やすというのは、なかなか難しいでしょう。

それに対し、支出を減らすことなら、今すぐ誰にでもできます。

毎月何にいくら使っているかを見直せば、どこかに必ずムダが見つかります。

「これ以上は1円も支出を減らせない」という人はめったにいないはずです。

年収300万円で1000万円貯めた20代女性の話

「そうは言っても、収入が少なければ、いくら支出を減らしても、ほんのわずかしかお金が貯まらないじゃないか！」


入社1年目や20代の人は、このように思っていることでしょう。

でも実は、**収入の額と貯金の額は、決して比例しない**のです。


私の会社に相談に来た、ある20代女性の例をご紹介します。

22歳のときの彼女の年収は300万円。少し貯金はあったものの、1000万円貯めたいとのことだったので、「自動貯蓄」の仕組みをつくり、毎月4万円ずつ貯金。

年収が増えるにつれて、貯金額を4万円から6万円へと徐々に増やしていきました。

また、年2回のボーナスには手をつけずに、すべて貯金に回しました。彼女は天引き後に残ったお金でやりくりするため、ムダ遣いを省き、支出の削減にも取り組みました。

そして、彼女は22歳から29歳の約8年間で、「自動貯蓄」と「支出の削減」だけで、約1020万円の貯金に成功しました。29歳のときの彼女の年収は380万円でした。

年収がそんなに高くなくても、「自動貯蓄」と「支出の削減」だけで、これだけのお金を貯めることが可能なのです。

逆に、年収が1000万円以上あるのに、貯金がゼロという人もたくさんいます。

そんな人は、高級な外車やマンションを購入し、借金を抱えていました。

「自動貯蓄」の仕組みをつくれば、たしかにお金は勝手に貯まっていきます。

しかし、それ以上にお金を使ってしまえば、貯まったお金にも手を出してしまうことになります。そうならないように、無意識のうちにムダにしてしまっているお金を削ることです。そうすれば、もっとお金は貯まっていくのです。

入社1年目から賢くお金を貯めるためには、「大きな支出を減らす」。

そうするだけで、お金はどんどん貯まっていきます。

お金を貯める大原則とは？

Q　お金を貯めるにはどうすれば いい？

×　収入を増やす

宝くじで１億円
当てよう

FXで元手を
100倍にするぞ！

○　支出を減らす

ムダ遣いを
なくそう

毎月の支出を
見直そう

その理由は…

- 収入を増やすのは大変だが、支出を減らすことは誰でもできる
- いくら収入が多くても、それ以上に支出が多ければお金は貯まらない

1円、10円単位の〝節約〟よりも、大幅にムダ遣いしている「支出」を見つけて減らそう！

③

自分が「何にお金を使うことが多いのか」を把握できると、ムダ遣いはあっという間に消えていきます！

お金が貯まる人は、毎月の支出が同じ
お金が貯まらない人は、月によって支出がバラバラ

社会人は「急な出費」が多い

「今月は急な出費が続いて、ちょっと財布が苦しいな」

そんな経験をしたことは誰にでもあるでしょう。

友人の結婚式に出席したので、ご祝儀と二次会代で5万円もかかってしまった。

会社の送別会や歓迎会が続いて、飲み代が普段の月の2倍になってしまった。

上司に誘われて初めてゴルフをすることになり、急きょ道具を買わなければいけなくなった。

社会人になると行動範囲や人脈がますます広がり、予定外の支出が増えます。

これは「社会人あるある」ですが、入社1年目の人や20代の人にとっては、出費が激しく、苦しいと感じることもあるでしょう。

そして、支出が増えたそのとき、あなたはこう考えるかもしれません。

「交際費が多い月もあれば、交通費が増える月もあるし、洋服代がかさむ月もある。毎月の支出は、その月によってバラバラなのも仕方ないよね」

その考え、ちょっと待った！

「急な出費」は予言されていた⁉

「急な出費」というのは、実はある程度前からわかっていることが多いはずです。

たとえば結婚式。普通は2カ月〜3カ月ほど前に招待状が届きます。前日にいきなり招待された、なんてことはほとんどありません。

だったら、「再来月は結婚式があるから、普段より出費が増えるな」と予想がつきます。

その予想から「来月と再来月は飲み会に行く回数をいつもより減らそう」といった計画を立てることができます。

それができないのは、一体なぜでしょうか？

それは**「毎月、何にいくらまで支出していいか」を把握するクセがついていないからです。**

だから、気づかないうちに、あれもこれもと出費を重ねて、どんどんお金を使ってしまいます。

お金が貯まる人は、自分の中で優先順位をはっきりつけて、毎月の支出を一定に保つ仕組みをつくっています。

優先順位がはっきりすると、「今月は結婚式があるから、代わりに飲み代を減らして、交際費をいつもの金額に収めよう」と考えることができます。

だから、毎月の支出を一定の水準に保てるのです。

「三大支出項目」を知ると、お金は貯まる

私は20代の頃、家計簿をつけて「自分は何に優先的にお金を使っているのか」をチェックし、常に「三大支出項目」を意識するようにしていました。

「三大支出項目」とは、家賃を除いた、自分が最もお金を使っている3つの項目のことです。

当時の私の三大支出項目は、「食費」「交通費」「通信費」でした。

支出を正確に把握したことで、自分の優先順位が今まで以上に明確になりました。

ただし、いくら「自分にとっては優先順位の高い項目」といっても、無限にお金を注ぎ込んでいいわけではありません。

そこで継続して毎月の三大支出項目を記録し、普段の月と比較して明らかに出費が増えたときは、「どうして今月は食費がこんなに増えたのだろう？」と考えるクセをつけました。

するとたいていの場合は、いつもとは違うお金の使い方をしていたことに気づきます。

「さすがに今月は外食が多すぎたな」

そうやって振り返ることで、自分の優先順位が高いものにはお金を使いつつ、ムダ遣いを省いて、毎月の支出を一定に保つことができます。

毎月の支出がバラバラという人は、まずは「自分が優先的にお金を使っているのは何か」を確認してみましょう。

お金を使いたい項目と使わなくてもいい項目がわかれば、自分のムダ遣いが浮かび上がってきます。

自分の支出をコントロールすることが、「お金が貯まる人」に変わる近道です。

毎月の支出を一定に保つコツ

急な出費に慌てないために
「三大支出項目」を知ろう

1. 1カ月の支出をチェックして自分が最もお金を使っている、家賃以外の、上位3つの項目（三大支出項目）を把握する

↓

2. その金額をもとに「洋服代は3万円まで」「交際費は2万円まで」など上限の目安を決める

↓

3. 毎月の「三大支出項目」を記録して、金額がオーバーした項目があればその原因を振り返る

これを繰り返すことで
毎月の支出を一定に保てる

自分のお金の使い方を知れば、
支出をコントロールしやすくなる

④

レシートをカメラで撮るだけで、すぐ記録してくれる家計簿アプリ。
とっても便利だけど、お金を貯めるコツは「自分で入力すること」です。

お金が貯まる人は、
自分で家計簿をつける

お金が貯まらない人は、
アプリに家計簿をつけてもらう

「家計簿アプリ」の落とし穴

前項でも少し出てきましたが、「家計簿」と聞いて、何をイメージするでしょうか？

「食費や光熱費をやりくりするためにつけるもの」

そうイメージする人がほとんどで、独身の人や入社1年目の人は「自分には関係ないもの」と思っているかもしれません。

だとしたら、あまりにもったいない！

なぜなら家計簿こそ、お金を貯めるための基本であり、家計簿をつけるだけでお金が貯まる体質になるからです。

自分のお金の使い方をチェックし、ムダ遣いをなくすには、「何にいくら使っているのか」を記録するのが一番です。

しかも、誰でも今すぐ取りかかれて、特別なスキルやテクニックもいりません。

私としては、「家計簿をつけないなんて損！」と思っているくらいです。

それでも時々、「家計簿をつけています」という20代の人に出会うことがあります。

入社1年目や20代のうちから、自分の支出を意識するのはとても素晴らしいことです。

そういう人に出会うと、「偉いなあ」と感心してしまいます。

ただ少しだけ残念なのは、「撮るだけの家計簿アプリ」を使用する人が多いことです。

レシートをスマホのカメラでパシャッと撮影すると、自動的に数字を読み取り、支出を記録してくれるので、とても便利です。

しかし、あまりに手軽なので撮影しただけで満足してしまい、結局は読み取った数字を見返さずに終わることも……。家計簿をつける最大のメリットは、自分がどんなものにお金を使っているかに気づけることです。

家計簿をつければ、あなたのお金の使い方が丸わかりというわけです。

それには、自分の手を動かしながら1つひとつの数字を意識することが欠かせません。

「また必要ないものを買っちゃった……」「今月は頑張ってムダ遣いを減らせたぞ!」

こうして反省したり、自分を褒めたりしながら、自分の行動を振り返ることに大きな意味があるのです。

ですから、どんな手段でもいいので、「**1つひとつの数字を自分の手で記録する**」ということに、ぜひこだわってください。

支出を一つひとつ入力することで、〝ムダ〟が一瞬でわかる

私は学生時代から、家計簿をつけていました。
就職してからも、もちろん続けました。
当時は、こんなやり方で家計簿をつけていました。

①買い物をしたり、外食をしたら、忘れずにレシートをもらう
②自宅でその日にもらったレシートを見ながら、パソコンのメールに数字を打ち込む
③そのメールを会社のパソコンにメールする
④翌朝、出社してから家計簿用のエクセルを起動し、「食費」「接待交際費」「交通費」「通信費」などの支出項目ごとに数字を集計する

打ち込み方は「パン100円」「シリアル400円」などと細かく入力するのではなく、レシートごとに「食費2000円」「飲み会4000円」といったように支出項目ごとに入力します。

品目ごとに細かく入力すると、イヤになって続かないからです。

とにかく、**その日の支出のタイミングを逃さないように記録**しました。レシートをもらえない場合は、その場で携帯にメモをしていました。

支出項目ごとに集計するのは、「全体の支出に対して、それぞれの項目が何%か」をチェックするためです。

もし急に割合が上がった項目があれば、「ムダ遣いが多いぞ!」というサイン。改めて家計簿の数字を見直して、何が悪かったのかを反省します。

家計簿を毎月つけることで、それぞれの支出を一定の額に収めることができるようになり、自分のお金の使い方も把握することができました。

「家計簿をつけるなんて面倒だ」という人でも大丈夫。洗顔や歯磨きと同じように日々の習慣に組み込んでしまえば、難しいことではありません。

家計簿をつけることで、減らすべき項目がわかり、ムダ遣いを省くことができます。

「家計簿」は支出管理の基本

家計簿のメリット

□ 「自分が何にいくら使っているか」がわかる
□ 頑張って自分を褒めたり、ムダ遣いを反省することで貯金へのモチベーションが生まれる
□ 特別な知識やテクニックは不要。誰でも続けられる

お金が貯まる体質になる！

家計簿をつけるときのポイント

□ ノートに書いたり、エクセルに打ち込んだりして自分の手を動かす
□ 数日分をまとめてつけるのではなく、毎日の習慣にする
□ 「食費」「交通費」などの項目ごとに支出をチェックし、普段より支出が増えたら原因を考える

家計簿をつけるメリット

①自分のお金の使い方が数字でわかる
②お金への意識が高まる
③自然とムダ遣いが減っていく

5

一つの〝財布〟（口座）だけでお金を管理していると、気づけば残高ゼロ……。
そうならないためにも、〝財布〟（口座）は４つで管理しましょう。

お金が貯まる人は、〝財布〟を４つ持っている
お金が貯まらない人は、〝財布〟が一つしかない

「ピンチ！　給料日まであと1000円」

銀行のATMでお金をおろそうとしたら、残高が1000円しかなかった！「あれ？　どうしてお金がこんなに減っているの？　そっか、今月は地元の友達の結婚式があって、ご祝儀と往復の飛行機代がかかったんだった。それと、来月友達と行くスノボツアーの料金も振り込んだし……。給料日まで10日もあるのに、どうしよう」

誰でも一度や二度は、こんな窮地に立たされたことがあるのではないでしょうか？

学生時代やお金の使い方に慣れていない20代のうちはよくある話です。でも現実的に考えて、食費や生活費などの生きるために必要なお金まで足りなくなるのは、かなり切羽詰まった状態と言えるでしょう。

さらに、社会人になると、付き合いの飲み会が増えます。そんな中、「これ以上は絶対にお金を使えない」というプレッシャーを抱えて過ごすことや、お金がなくて楽しみにしていた予定を断ることは、相当なストレスになるはずです。

ここまでギリギリの生活になってしまうのには、理由があります。

それは**「すべての支出を1つの〝財布〟（口座）で管理している」から**です。

「1つの〝財布〟しか持たない人」は、こんなイメージです。

お金は給与振り込みの指定口座1つで管理していて、お金が必要になったら、何に使うお金でも、すべてその口座からその都度引き出している。

入社1年目や20代の人だと、この方法でお金を管理している人が多いと思います。

でも、この方法を繰り返していると、お金を使いたい分だけどんどん引き出すクセがついてしまいます。

でも、大丈夫。4つの〝財布〟でお金を管理するようになると、このクセを直すことができます。

4つの〝財布〟で無理なくお金が貯められる

お金が貯まる人は、目的別に〝財布〟（口座）を分けています。

私はいつも、お金は4つの〝財布〟に分けて管理するようアドバイスしています。

財布①「**短期**」……すぐ使うお金です。食費や生活費、家賃など、日常的に引き出す必要があるお金を入れておきます。また、次の夏休みに使う旅行費などの娯楽費も含まれます。必要なときにすぐ使えるようにしておくのがポイントです。

財布②「**中期**」……5年から15年以内に使うお金です。引っ越しやマイホームの資金、自分の結婚に備える資金などを入れておきます。

財布③「**長期**」……将来必要なお金です。子どもの教育資金や老後の資金などを入れておきます。

財布④「**緊急予備資金**」……急に必要になるお金です。万が一の病気やケガに備えるお金の他、急に友人の結婚式に招待されてまとまった金額が必要になったときのお金なども、ここに入れておきます。このお金もすぐに引き出せるようにしておきます。保険の積立配当金もＡＴＭなどで取引可能なので、「緊急予備資金」に含めます。

こうして目的別に分けてお金を管理すれば、普段の生活に必要なお金を「短期」の中でやりくりしつつ、「中期」や「長期」で貯めていくことができます。「自動貯蓄」の仕組みで言えば、給与が振り込まれて天引きするお金を「中期」や「長期」へ移し、残ったお金を「短期」として使うことになります。

「短期」と「緊急予備資金」は、必要なときにすぐお金を引き出せることが大事なので、銀行預金や保険が〝財布〟になります。

保険の積立配当金とは、保険会社所定の利率で積み立てることができ、いつでも自由に引き出せるものです。利率などは保険会社によって異なりますが、インターネットや電話、ＡＴＭ、窓口などでお金を引き出すことができるので、万が一のときに備えることができます。

一方、〝財布③〟の「将来必要なお金」はすぐに引き出す必要はないので、資産運用に回すことも検討するとよいでしょう。

資産運用については、第４章で詳しく説明します。

ここでのポイントは、**緊急事態に備えた〝財布〟もつくっておくこと**です。

人生には何が起こるかわかりません。いくら計画的に貯蓄をしていても、突然思いがけないお金が必要になることもあるでしょう。

その場合も、「緊急予備資金」があれば安心です。病気になって入院したり、友人の結婚式に招待されて急な出費が必要になったときでも、食費や生活費を切り詰めたり、旅行のために貯めたお金を切り崩して使うこともありません。

急な出費にも対応でき、ストレスも溜まらない

ただ、まだ収入が少ない入社1年目や20代のうちは、「4つに分けるほどの余裕がない」という人も多いでしょう。その場合は、「自分は何を優先したいか」を考えてみてください。

「とりあえずは、急な出費で困らないようにしたい」

そう思うなら、「短期」と「緊急予備資金」の2つからでかまいません。

そして「緊急予備資金」がある程度貯まったら、「中期」と「長期」をひとまとめにして「将来必要なお金」という1つの〝財布〟をつくり、3つの〝財布〟を持ちます。

この「将来必要なお金」にもお金が貯まってきたら、その時点で「中期」と「長期」で〝財布〟を分ければいいでしょう。

最初から無理をする必要はありません。

大切なのは、目的別に〝財布〟を分けることです。

すべてのお金を1つの〝財布〟で管理していると、「本来はこのお金は何に使うべきだったのか」がわからなくなってしまいます。

そうすると、ギリギリまで切り詰めた生活をすることになったり、あなたがやりたいことを我慢しなければならなくなってしまいます。

そうならないためにも、自分のお金の状況に合わせて、優先順位をつけながら、1つずつ〝財布〟を増やしていきましょう。

〝財布〟が1つだとお金は貯まらない！

お金を貯めるには
目的別に「4つの〝財布〟」を持とう

財布①短期
→すぐ使うお金

・食費、生活費
・家賃
・旅行費　など

財布②中期
→5～15年以内に使うお金

・引っ越し
・マイホーム資金
・自分の結婚資金　など

財布③長期
→将来必要なお金

・子どもの教育資金
・老後資金　など

財布④緊急予備資金
→急に必要になるお金

・冠婚葬祭の費用
・万が一の病気やケガへの備え　など

〝財布〟を分ければ
「これは何に使うお金か」を
意識できる

第2章

お金が貯まる人の、自然とお金が貯まる習慣

①

「これもついでに買っちゃおう！」はOK。
「なんとなく買っちゃおう！」はNG。

お金が貯まる人は、コンビニで〝ついで買い〟をする
お金が貯まらない人は、ネット通販で〝衝動買い〟をする

○○％オフの誘惑

ある休日、メールを開くと、あなたの目にこんな文字が飛び込んできました。

「今なら対象商品を2点買うと、20％オフに！」

それは、何度か利用したことのあるファッション通販サイトからのお知らせでした。

なんとなくサイトを開くと、おすすめの最新アイテムがずらりと並んでいます。

それを眺めるうちに、あなたの心の中にこんな気持ちがわき上がってきました。

「この前も買ったばかりだから、とくに欲しいものはないけど……。でもせっかくなら、安いときに買わないと損だし、ストレス溜まってるから買っちゃおう！」

気づいたときには、あなたは商品を2点選んで買い物カゴに入れ、支払いボタンをクリックしていました。

これぞまさに、典型的な〝衝動買い〟です。

「自分もついやってしまう」という人は、かなり多いのではないでしょうか。

入社1年目の人は手持ちのお金が増えたこともあり、慣れない環境や仕事にイライラして、つい〝衝動買い〟をしたくなってしまうものです。

しかし、たいして欲しくもないものを、その場の感情に流されて買っていては、お金がいくらあっても足りません。

「お金が貯まる人」は、〝衝動買い〟をしない。

私は数多くのお金が貯まる人を見てきて、そのことに気がつきました。

だからといって、お金が貯まる人がケチケチ〝節約〟しているわけではありません。

お金が貯まる人は、自分が欲しいものは素直に買うという共通点があります。

たとえば、コンビニで〝ついで買い〟をすることがよくあります。

コンビニでお昼を買うときに、目に留まったスイーツを一緒に買うこともあります。

では、〝ついで買い〟と〝衝動買い〟は何が違うのでしょうか？

お金が貯まる3つのキーワード

お金が貯まる人は、なぜ〝衝動買い〟はNGで、〝ついで買い〟ならOKと考えるのか。

それは、**お金の使い道を「浪費《ろうひ》・消費《しょうひ》・投資《とうし》」に分けて考えるから**です。

「浪費」とは、簡単に言えば「ムダ遣い」のこと。

明らかに必要ないものや、欲しくないものまで手当たり次第に買ってしまうのは、「浪費」になってしまいます。

「消費」とは、生きるために必要なものにお金を使うこと。

光熱費や家賃など、生活していくためにどうしても支払わなくてはいけないお金です。

「投資」とは、費やした金額以上のリターンが将来得られることを期待してお金を使うことや、自分への「ご褒美」にお金を使うことです。このようなお金の使い方は、お金を貯めるモチベーションにつながります。

たとえば、留学に行く夢を叶えるために英会話学校に通ったり、自分への「ご褒美」のために、ちょっと奮発して高い焼肉を食べに行くなどのお金の使い方があげられます。

そして、**お金が貯まる人は「浪費」以外の項目を無理に削ろうとはしません。**

本当に必要な「消費」や、自分の幸せや将来のキャリアにつながる「投資」には、きちんとお金をかけます。

お金が貯まる人は、無理に色々なことを我慢して〝節約〟するよりも、自分のお金の使い方を見直すことのほうがお金が貯まる近道だと知っているからです。

とくに、**自分の人生を豊かにするための「投資」には、お金を惜しみません。**

いつ使うかわからないものを買ってしまう〝衝動買い〟は、明らかな「浪費」になってしまいます。

〝衝動買い〟はたいていの場合、「なんとなく買っちゃおう」という気持ちからしてしまうことが多いはずです。

一方、コンビニの〝ついで買い〟は「欲しい」という理由が明確にあります。

「どうせ明日も必要だし、買うなら今日ついでに買っちゃおう」

このように、自分が必要だと思うものを〝先買い〟することは、「消費」にあたります。

「なんとなく買う」のではなく、「必要だから買う」ことは「消費」になるのです。

また、ちょっと高級なコンビニスイーツを買ったとしても、「大好きな甘いもので元気になれたから、また仕事を頑張ろう！」と思えるなら、それはあなたにとって「投資」になるのです。

迷ったときの〝魔法の言葉〟として使う

ただし、何が「投資」で、何が「浪費」や「消費」なのかは、いきなり区別がつくようになるものではありません。

また、「これは投資かも」「この買い物は浪費かな？」と常に考えていては、ストレスが溜まってしまいます。

大切なのは、**入社1年目から「浪費・消費・投資」の考え方を頭の片隅に置いておくことです。**

「お金の価値は、使い方によって変わってくる」という事実を知っておくだけで、年齢を重ねるごとにムダ遣いはなくなっていきます。

あまり深く考えずに、もしお金を使うときに迷ったら、「この買い物は『浪費・消費・投資』のうち、どれかな？」」と自分に問いかけてみましょう。

最初から正しい答えは出せなくてもかまいません。


ただし、この3つのキーワードには注意点があります。

「浪費・消費・投資」の考え方でお金を使っていると、本当は「浪費」なのに、「これは自分にとっては投資だ！」と思い込んで、お金を使ってしまうことがあります。

「浪費・消費・投資」とお金の使い方を分類することはもちろん大切ですが、いつも自分の都合のいい解釈でお金を使わないように注意しなければなりません。

「消費・投資」にそれぞれ予算を決めておくと、本当は「浪費」のものを「消費・投資」と解釈してお金を使うことがなくなります。

こうして考える習慣をつけることが、あなたのお金の使い方を確実に変えてくれます。

お金が貯まる人の〝魔法のキーワード〟

お金の使い道を３つに分けて考える

× **浪費**
必要ないものや、使うかどうかわからないものにお金を使うこと

○ **消費**
生きるために必要なものにお金を使うこと

◎ **投資**
使った金額以上のリターンを期待してお金を使うことや「ご褒美」

お金が貯まる人は…
「投資」にどんどんお金を使う！

お金が貯まる人は、お金の使い道を「浪費・消費・投資」に分ける

②

「ポイントを貯めると○○円引き！」は一見お得に見えますが、ポイントカードには〝買い物欲〟を引き立たせるワナがあるのです。

お金が貯まる人は、ポイントカードが2枚以内

お金が貯まらない人は、ポイントカードで財布がパンパン

ポイントカードは〝買い物欲〟増大のもと

前項で「浪費・消費・投資」のフレーズを覚えていただいたと思います。「浪費・消費・投資」の考えを買い物のときに、自分に投げかけると、ムダ遣いを減らすことができます。

しかし、買い物へ行くと必ず誰もが、「ポイントカードはお持ちですか？」と聞かれたことがあるでしょう。

「いえ、持ってません」

「おつくりしましょうか？　今日お支払いの分から、ポイントが貯まりますよ。お名前だけですぐつくれますから、ぜひ！」

「……じゃあ、つくります」

あなたも何度かこんなやりとりをしたことがあるはずです。

「まあ、無料でつくれるし、損するわけではないから問題ないでしょ」

そう思い、ためらいなくつくってしまうポイントカードですが、実は隠れた落とし穴があります。

それは**「せっかくつくったのだから、このお店で何か買わなくては損だ」という気持ちにさせられてしまうこと**です。

最近では、居酒屋チェーン店やアパレルショップ、美容院など、私たちの身の回りにはポイントカードが使える場所であふれています。

こんなやりとりを繰り返している間に、気づいたら、ポイントカードで財布がパンパンに膨れ上がっていたという人も多いのではないでしょうか。


たいして欲しいものがなくても、「あと10ポイントでスタンプが貯まるから、何か買おうかな」と思ってしまう。

「今日はポイント5倍デーだから」と、それほど欲しくないものまで買ってしまう。

このように、ポイントカードは**〝買い物欲〟増大のもと**なのです。


入社1年目の人は、ただでさえこれまでと比べて行動範囲が広くなり、今まで行かなかったようなお店に行く機会が増えるでしょう。

そのときに、行く先々でポイントカードをつくってしまうと、使わなくていいお金を使う機会を自ら増やしてしまうことになります。

つまり、**「浪費」する機会を増やしてしまう**のです。

お金が貯まる人の行動はシンプル

お金が貯まる人は、必要最低限のポイントカードしか持ち歩きません。

自分の行動範囲や生活習慣に本当に合ったものだけを選ぶようにしています。

お金が貯まる人の行動は、とてもシンプルなのです。


私が現在持っているのも、会社近くのコンビニのものだけです。

そのコンビニは普段からよく利用するので、効率よくポイントが貯まるし、ポイントを使う機会もたくさんあるからです。それ以外のお店では、ポイントカードをすすめられても、お断りするようにしています。

その理由は、ポイントカードが多いと、ポイントのために自分の行動範囲が変わってしまうことがあり、「浪費」のきっかけを生むからです。

ポイントカードで財布がパンパンな人は、「浪費」をしてしまうきっかけを、自らつくってしまっているのです。


また、ポイントを貯めるなら、もっといい方法があります。

たとえば、クレジットカードの支払いでもポイントはつきます。

私は以前、クレジットカードを1枚に絞り、それを普段の買い物や公共料金の支払いなどに使っていました。ポイントカードと違い、どのお店で使ってもポイントがつくので、どんどんポイントが貯まっていきます。

貯まったポイントはマイレージやＡｍａｚｏｎのギフト券に換えていました。

わざわざお店ごとにポイントカードをつくらなくても、もっと手間をかけずに、お得に買い物やレジャーを楽しむ方法はあるのです。


お金が貯まる人は、ポイントの貯め方も工夫しています。お店ごとに貯めるのではなく、色々な場所で使える便利なポイントの貯め方をしているのです。

何のためにポイントカードをつくるのか

ポイントカードは本当にお得？

- **ポイントが使えるのは、そのお店や提携店などに限られる**
  →めったに行かないお店でポイントカードをつくっても結局ポイントは貯まらない

- **ポイントをたくさん貯めようとすると、行動が制限される**
  →「ポイントを貯めたいから、決まったお店にしか行かない」などポイントに縛られて不自由な思いをする

- **ポイントの還元率が低い**
  →たいていは「100円の買い物につき1ポイント」。
  1万円の買い物をしても、もらえるのはたった100ポイント（＝100円分）だけ

**たくさんポイントカードをつくっても
返ってくるメリットはそれほど大きくない！**

**ポイントカードを持ち歩くなら
本当に価値があるものを厳選する**

③

多くの人が持っているクレジットカード。
しかし、枚数が多かったり、「リボ払い」を使っていると、お金の管理ができずに、
破産の道をたどってしまう可能性があります。

お金が貯まる人は、クレジットカードが1枚
お金が貯まらない人は、クレジットカードが7枚

「クレジットカード7枚」で〝要注意人物〟に！

あなたは、クレジットカードを何枚持っていますか？

そう質問をすると、たいてい3枚や4枚は持っているという答えが返ってきます。

なかには「7枚持ってます！」と答えてくれる人もいます。

今は学生が手軽につくれる「学生カード」などもあり、学生のうちからクレジットカードをつくった人も多いのではないでしょうか？

また、ショッピングモールなどで買い物をしたときに、「今このクレジットカードに入会すれば、お買い物券をプレゼントします」などと勧誘されたことがあるかもしれません。

ショッピングサイトを訪れたら、「このクレジットカードなら、買い物のたびにポイント4倍！　さらに3000ポイントプレゼント！」といった派手な広告が目に飛び込んでくることもよくありますよね。

たいていは「今なら年会費無料」という条件がセットなので、「そんなにお得なら、入会してみようかな」と思ってしまうでしょう。

でも私は、クレジットカードの枚数が多い人がいると、そのたびに、「大丈夫!?」と心配になってしまいます。

なぜなら、**持っているクレジットカードの数が多いと、お金の世界では〝要注意人物〟と見なされてしまう可能性があるから**です。

「信用情報」という言葉を聞いたことがあるでしょうか?

これは、生年月日や勤務先などの個人情報と、クレジットカードやローンの契約・利用状況が記録されたものです。

クレジットカードを何枚持っていて、いつどれくらいの額を利用し、返済したのか、ローンの残高はいくらあるのかなど、取引に関するあらゆる情報が含まれます。

この情報は、「信用情報機関」というところに登録されます。銀行やカード会社などは、この情報を見て、人を評価します。

このとき、**クレジットカードの枚数が多い人は、それだけで評価がガタ落ちしてしまう恐れがあるのです。**

「お金の管理ができないルーズな人」と見なされてしまうからです。

あなたが将来結婚して、子どものためにマイホームを買いたいと思っても、どの金融機関からも「住宅ローンは組めません」と門前払いされる可能性があります。

「まさか、その程度のことで」と思うかもしれません。

でもそれくらい、お金の世界ではクレジットカードの情報が重視されるのです。

本当は怖い「リボ払い」の仕組み

「信用情報」も怖いのですが、クレジットカードの「リボ払い」も気をつけなければならないものです。

えっ!? すでに「リボ払い」を使っている？ それは大変です……。

そんな人は、ここからの私の話をよーく聞いてください！

「リボ払い」とは、毎月の支払いが一定額になる方式です。

10万円のバッグを買うときに、「月に5000円ずつの支払い」で購入することが可能です。

クレジットカードで買い物をして、「お支払い回数はどうされますか?」と聞かれたことはありませんか?

そんなとき、無理なく支払いができるからという理由で、ついつい「リボ払いで!」と言ってしまう人が多いようです。

ところが、そこに「リボ払い」のワナがあります。

クレジットカードで「リボ払い」にすると、「手数料（利息）」がかかります。

カード会社にもよりますが、平均で年15%ほどの手数料が一般的です。

「リボ払い」の怖いところは、買い物に使ったお金（=元金）だけに手数料がかかるのではなく、「元金+手数料」に対して、さらに手数料がかかるということです。

この仕組みを「**逆複利**」と言います。

「複利」とは、利息の一種で、「運用したお金（=元金）+利息」にさらに利息がつくというものです。

つまり、**利息に利息が上乗せされるので、利息が雪だるまのように膨れ上がっていくのです。**

資産運用の世界では、「複利効果」で大きな利益を生むことがあります。

しかし、「リボ払い」では、「複利」の逆バージョンが適用されます。

そうすると、「あなたが借りたお金（購入金額）＋利息」に利息がつくので、借金が膨れ上がってしまうのです。

ちょっと難しく感じるかもしれないので、わかりやすい例で説明してみましょう。

例えば、「10万円のバッグを買う」としましょう。

クレジットカードには「一括払い」「分割払い」「リボ払い」などさまざまな支払い方法があるのはご存じでしょうか？

「一括払い」で10万円のバッグを買っても手数料はかかりません。

「分割払い」の場合は、２回払いまでの場合、手数料はかからないことがほとんどです。

どのカード会社も基本的には、３回払いから手数料がかかってきます。

たとえば、私が今月10万円のバッグを3回の「分割払い」で購入したとします。

カード会社の手数料率が15％だとすると、総支払額は約10万２０００円となります。

しかし、この手数料はあくまでも商品にかかった手数料なのです。

その後に、「一括払い」でいくら買い物をしようが、手数料は「分割払い」をしたバッグにしかかかりません。

ですから、返済金額は少し増えてしまいますが、計画的な返済ができるでしょう。

では、「リボ払い」ではどうでしょうか？

10万円のバッグを「月々5000円」支払いの「リボ払い」で購入すると、返済期間は24カ月、総支払金額は約12万円です。

この後に「リボ払い」を利用しなければ、総支払金額は変わりませんが、この期間に「リボ払い」を利用してしまうと、利用残高に対して手数料がかかってくるので、総支払金額はさらに増えます。

左ページの図を見てください。

「リボ払い」はこの図のように、「購入金額＋手数料」に対して手数料がかかるため、支払回数が多ければ多いほど、支払総額も膨れ上がってしまうのです。

同じ10万円のバッグを買っても…

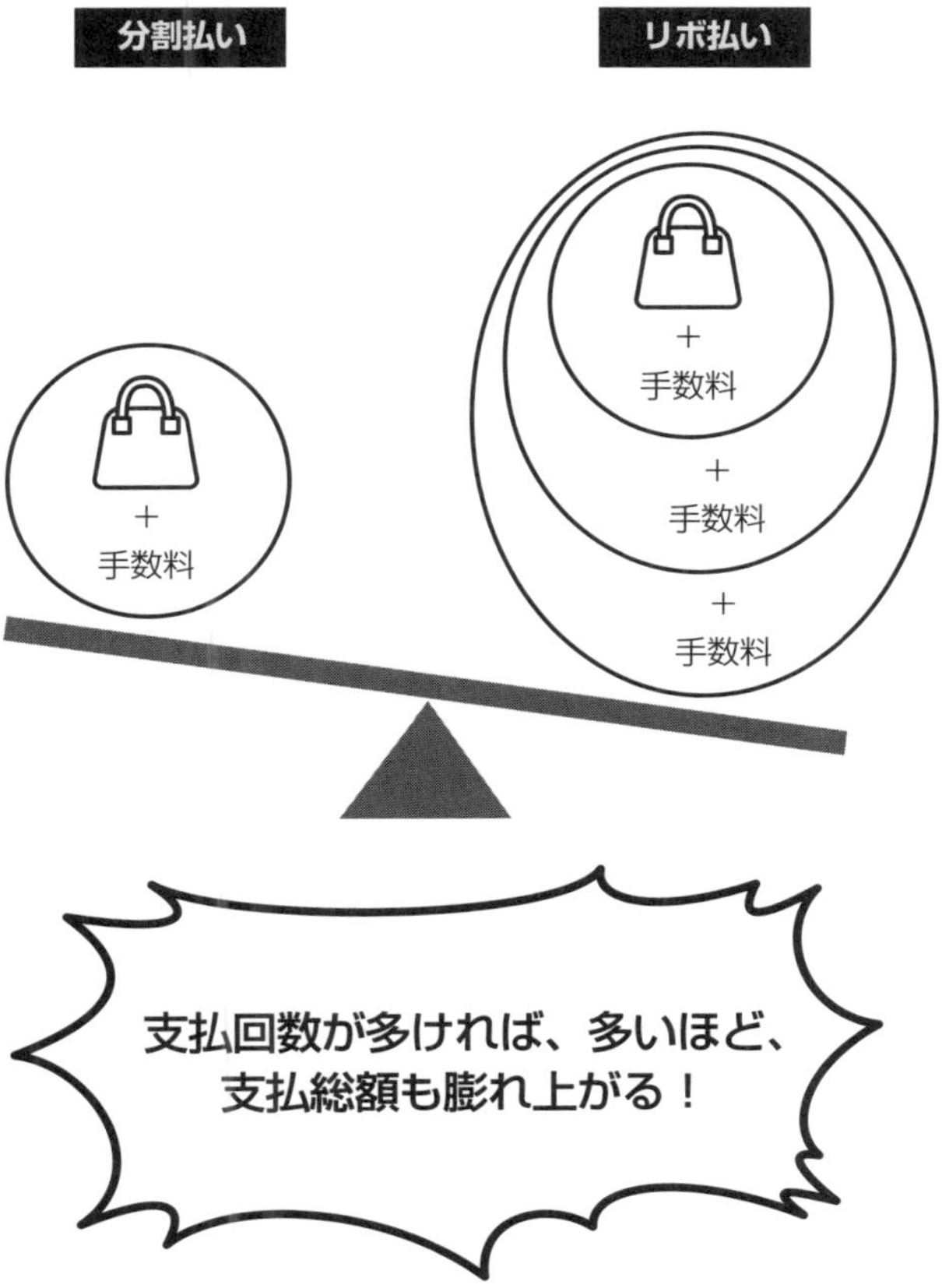

一見、「リボ払い」は毎月の支払額が少なく、無理なく支払いができて、負担が少ないように見えます。

しかし、毎月の返済金額が少ない分、手数料が返済の大部分を占める仕組みなのです。この図のように、毎月5000円支払っても、手数料が返済の大部分を占めるので、払っても払っても、もともとの購入金額をなかなか減らすことができず、返済が長引いてしまうということです。

つまり、**もともとの購入金額より、支払金額が高くなるのはもちろんですが、支払期間が長ければ長いほど、金利負担額が増えていくということなのです。**

また、カード会社によっては、「月々3000円」の支払いコースなどもあります。低額の支払金額設定にすると、返済の目処が立たなくなり、金利だけを払い続けることになってしまう可能性があります。

「お金が貯まる人」は「リボ払い」の返済がなかなか終わらないこと、返済金額が購入金額より高くなることを知っています。

だから、「リボ払い」は絶対に使わないのです。

「リボ払い」は「悪い借金」の入口

「リボ払い」の恐ろしいところは、気がついたら借金の総額が何百万円にも膨れ上がり、誰でも自己破産に追い込まれる可能性があるというところです。

また、月々の返済金額が少ないので、どんどん「リボ払い」を利用したくなってしまうのも怖いところです。

最近は、クレジットカードをつくると、初期設定で「リボ払い」になっている場合もあるので気をつけなければなりません。知らないうちに「リボ払い」で借金を背負わされたら、悔やんでも悔やみきれませんよね。

「リボ払い」を繰り返せば繰り返すほど、支払総額も支払期間も増えていくのです。

最近は、テレビCMなどの影響により、「借金」というイメージが薄れていますが、「リボ払い」は立派な借金です。

第4章で「良い借金」と「悪い借金」についてお話ししますが、「リボ払い」は間違いなく「悪い借金」です。

また、「リボ払い」の仕組みは、私たちに積極的に「リボ払い」を使用させ、カード会社が高収益をあげられるようになっています。

クレジットカードを持つ枚数が多いと、こうしたワナに引っかかるリスクがそれだけ高まってしまうということです。

一般的な日常生活を送るなら、クレジットカードは1枚あれば十分です。

そして、**「リボ払い」は絶対に使わず、「一括払い」や「分割払い」で支払うこと。**

一括払いなら、手数料はかかりません。分割払いなら回数によっては手数料がかかりますが、支払回数が決まっているので、計画的な返済ができます。

クレジットカードは手元にお金がなくても買い物ができる、いわば「魔法のカード」のように見えがちですが、自分で返済できる範囲内で使うためにも、取扱いには十分注意しましょう。

「リボ払い」はなぜ危険なのか？

「リボ払い」が危険な理由は、
「逆複利」が適用されるから

「分割払い」と「リボ払い」

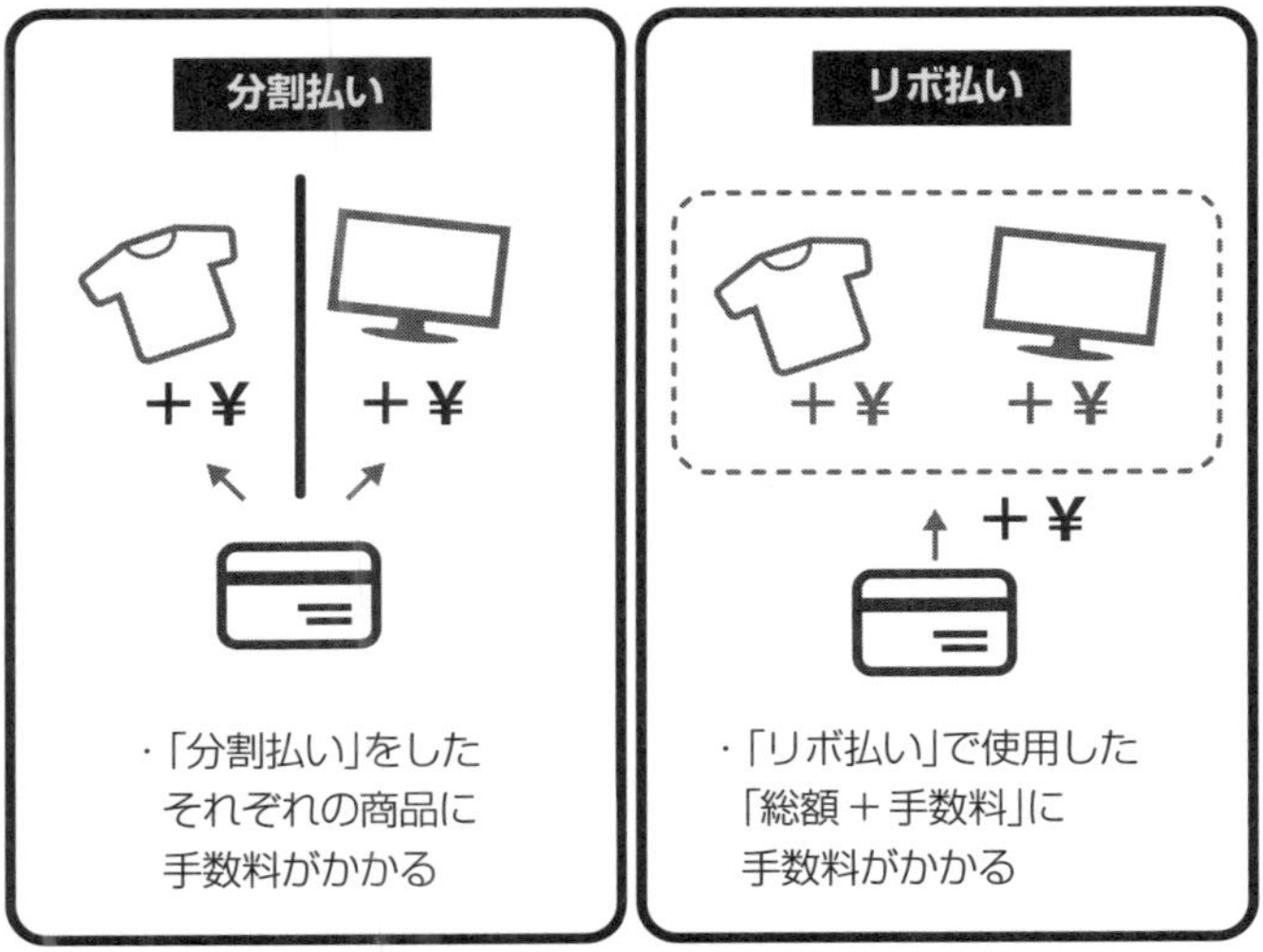

分割払い
＋¥
＋¥
・「分割払い」をした
それぞれの商品に
手数料がかかる
リボ払い
＋¥
＋¥
＋¥
・「リボ払い」で使用した
「総額＋手数料」に
手数料がかかる

クレジットカードの枚数は最小限にし
リボ払いは絶対に使わないこと

④

毎月必ずもらう給与明細。実は、手取り額の他にも多くの情報が書いてあります。自分が支払っているお金が、何に使われているのかを知っておくと、多くの〝リターン〟を得ることができます。

お金が貯まる人は、給与明細を熟読する

お金が貯まらない人は、手取り額だけ見て捨てる

給与明細には大事な情報が詰まっている

あなたは給与明細に何が書かれているか知っているでしょうか？

「手取り額だけ見て、捨てちゃうなあ」という人が多いかもしれません。

最近は紙で配るのではなく、各自がＷｅｂ上で閲覧できる会社も増えています。

そうなると「いちいち見るのは面倒だし、口座に振り込まれた金額を確認するだけ」という人もかなり多いようです。

もちろん、「手取り額が一番気になる」という気持ちは私もよく理解できます。

「手取り額＝手元に入ってくるお金」ですから、「今月はどれくらいお金を使えるのか」を知りたいのは当然です。

でも、ちょっと待った！

手取り額だけを見ていると、自分にとって大事な情報を見逃すことになってしまうのです。

給与明細に記載されているのは、「自分がもらえるお金」だけではありません。

実は、「自分が支払ったお金」も記載されているのです。

差し引かれたお金も実は「あなたのお金」

社会人になり、一定の金額以上の給与をもらうようになると、今までは意識していなかった社会保険料や税金などが、あなたの給与から引かれていることに気づくでしょう。あなたの給与のうち何割かは、会社があらかじめ天引きをして、国や地方自治体、健康保険組合などに納めているのです。

手取り額とは、それらのお金を差し引いた額です。

あなたが頑張って働いた分のお金が、すべて自分の手元に入るわけではないのです。

「えっ!? じゃあ、差し引かれた分のお金はどうなるの?」

きっとそんな疑問がわいてきますよね。

その答えを知るために、給与明細を見ることが大事なのです。

給与明細をもらったら、内容をすみずみまで見てみましょう。

給与明細からわかること

給与明細をもらったら
「控除」の欄を必ず確認しよう

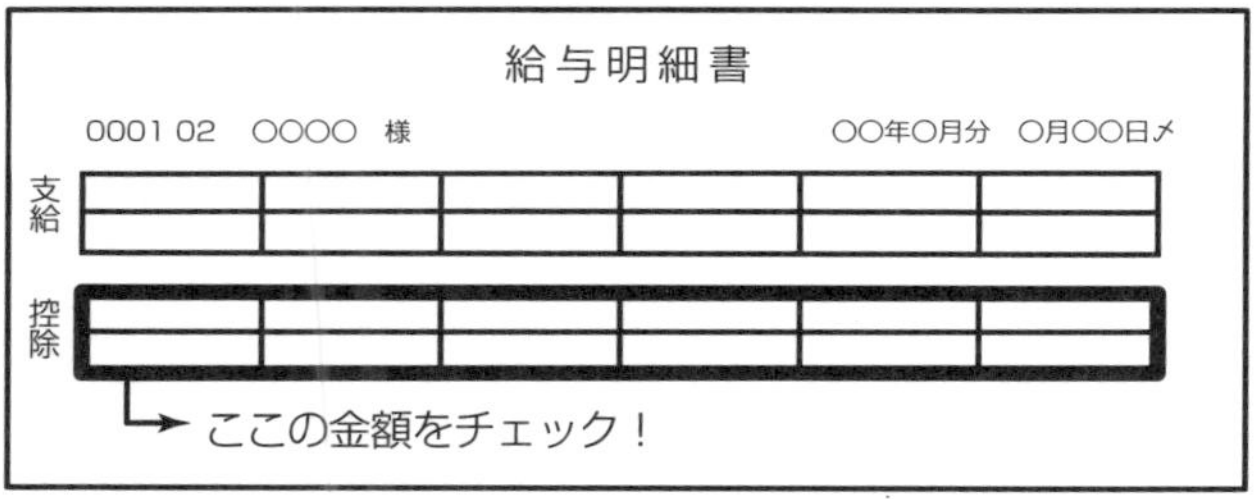

そこには「控除」という欄があります。

これが、給与から差し引かれるお金です。

控除にもいくつかの種類があります。

「健康保険料」「厚生年金保険料」「雇用保険料」などは、「社会保険料」です。

これらを毎月、会社を通じて納めているから、病気やケガをしたときに健康保険が使えたり、退職後に年金がもらえたりします。

「所得税」「住民税」は、「税金」です。

所得税は国に、住民税はあなたが住んでいる都道府県や市区町村に配分されます。

控除の欄を見て、「毎月こんなに引かれているの!?」と驚く人も多いでしょう。

実際に私も、給与明細を見たときに驚いたことを覚えています。

控除されたお金も、立派な「あなたのお金」です。

手取り額だけを見ていたら、自分のお金が「どこで、どのように使われているか」を知らずに過ごすことになってしまいます。

それって、とても怖いことです。

社会保険料や税金の〝リターン〟を意識する

お金が貯まる人は、自分の給与から引かれる額をしっかり確認しています。

それによって、「社会保険料や税金を納めることで、自分にどんな権利や〝リターン〟が与えられるのか」を考えるようにしています。

国や自治体にお金を納めるからには、私たちにはその対価を得る権利があります。

たとえば、あなたが将来結婚して子どもが生まれたとしましょう。

そのとき、近くに保育所がどれだけあるか、子どもの医療費が何歳まで無料になるかなどは、住んでいる地域によって異なります。

なぜなら、住民税の使い方は自治体によって異なるからです。

たとえば、子どもの医療費が無料になるのは小学校入学までという自治体もあれば、20歳になるまでタダという自治体もあります。

同じように住民税を払っていても、利用できる制度にこれだけ差が出てくるのです。

お金が貯まる人は、天引きされた分も「自分のお金」として意識することで、ただ社会保険料や税金を納めて終わるのではなく、少しでも多くの〝リターン〟を得るために行動します。

だから、「結婚したら、子育て支援のために住民税をたくさん使ってくれる隣の区に引っ越そう」といった選択肢も出てくるはずです。

少子高齢化により、みなさんが負担する社会保険料や税金は、今後ますます増えます。だからこそ、給与明細をきちんと確認して、自分の大切なお金がどう使われているかを理解することが大切になるのです。

みなさんの払っているお金が「ムダ払い」にならないためにも、給与明細をきちんと確認するクセをつけてほしいと思います。

⑤

「お金がない」「金欠」——入社1年目や20代の人はついこの言葉を口にしたくなるかもしれません。でも、そのひと言が運もチャンスも逃してしまうかも!?

お金が貯まる人は、お金の話をしない
お金が貯まらない人は、やたらとお金の話をする

「金欠だ！」がログセの20代

20代の人たちの会話を聞いていると、よくこんなセリフが耳に入ってきます。

「最近、お金がないんだよね〜」

「そうそう、すごい金欠だよね！」

たしかに年齢が低いほど、収入が少ないことが多いでしょう。

日本の会社の大半は、年齢や勤続年数によって給与が決まります。

新人は給与が低く、ベテランになるほど給与が高い。

とくに20代の人たちは、「お金がない」がログセになるのも仕方がないのかもしれません。

でも、私は「本当にお金がないの⁉」と聞きたくなるのです。

おそらく「お金がない」がログセの人は、人生のステージが変わったことについていけていないのでしょう。

学生時代はお金がなくても、友人たちとファミレスで、ドリンクバーだけ注文して、しゃべっているだけで楽しく過ごせました。

お金をかけなくても、満足感を得られたのです。

しかし社会人になると、周りのレベルが一気に上がり、今まで満足できていたものでは満足できなくなってしまう人が多くなります。

周りの人たちはブランド品を持っていたり、夏休みに海外旅行したり、マンションを買ったり……。

そんな大人たちが身近にいる環境になったことで、「お金をかけないと、満足感を得られない」と思い込んでしまっているのではないのでしょうか？

「お金がない」は運を逃してしまう？

ここで、会社員を経験した私から、入社1年目のみなさんにアドバイスがあります。

それは「『お金がない』が口グセの人は損をする」ということです。

会社の先輩が「今日は部長もいらっしゃるっていうし、みんなで飲みに行くか！」と言ったときに、あなたが「いや……、お金ないんで」と断ったとしましょう。

新入社員のうちは、先輩が「いいよ！　俺が出すから！」そんなことを言ってくれるかもしれません。

でも、2年目になったときや、人数が多かった場合、先輩はこう考えると思います。

「部長にたくさん払わせるのも悪いし、今回は自腹でも大丈夫そうな人を誘おう」

その結果、普段はなかなか話すことができない部長との飲み会のチャンスを逃してしまったり、仕事のアドバイスをもらう機会を逃してしまうことになります。

社内の飲み会では、付き合いのいい新人はかわいがられるものです。

本当にお金がないときには、先輩がおごってくれることもあるでしょう。

しかし、最初からおごってもらうことを前提としている人や、「お金がない」といつも言っている人には、声がかからなくなることもあります。

また、社内の飲み会に顔を出すことで、信頼関係が築けて、情報収集や成長の機会にもつながります。

私が資産運用をしてお金を増やしてみようと思ったのも、会社の先輩から多くのことを教えてもらったことがきっかけです。

「お金がない」が口グセの人には、まず資産運用の話などは回ってこないでしょう。


本当にお金がなくても、ものは言い様。断り方は色々あります。

「お金がない」と言うと、運やチャンスを逃してしまうだけでなく、自分の評判まで悪くなることをお金が貯まる人はよく知っています。

今日から「お金がない」という口グセをやめるだけで、人間関係もあなたの評判も、どんどんよくなっていくはずです。

お金の話題が与える影響

「お金がない」が**ログセ**の人は
周囲にどう見られているのか

●「お金がなくて大変そう」
⇒余裕がない印象を与え社会人としての評価も下がる
⇒ネガティブなことばかり口にする後ろ向きな人だと思われる

●「お金がないなら、誘ったら悪いよね」
⇒新しい体験をすることも、人との出会いを増やすこともできない

「お金がない」を口にするたび
運もチャンスも逃してしまうことに！

手元のお金が多いか少ないかは
いちいち口にすべきではない

第3章

お金が貯まる人は、節約しない

①

お金が貯まる人は、自分の好きなもののためにお金を使うことを惜しみません。なぜお金を使っているのに、お金が貯まっていくのでしょうか?

お金が貯まる人は、自分の好きなものにお金を使う

お金が貯まらない人は、他人の好きなものにお金を使う

周りに合わせ続けるとお金は貯まらない

あなたにとって、「幸せ」とは何でしょうか？

突然そんな質問をされたら、何も答えられないという人がほとんどかもしれませんね。

まだ入社1年目なら、なおさら「自分がどんなときに幸せか」を考えたこともないかもしれません。私が入社1年目のときに同じ質問をされても、答えられなかったと思います。

自分はどういうことに幸せを感じるか。本当は何が好きで、何が嫌いなのか。

実はこのことがわかっているかいないかが、「お金が貯まる人」と「お金が貯まらない人」を分ける重要なポイントなのです。

それがわからないと、どうしても他人の意見に振り回されがちになってしまいます。

だから、みんなで「飲みに行こう！」と言われると、今日はまっすぐ家に帰りたいと思う日でも、なんとなくついて行ってしまう。こんな経験をしたことがある人もいるでしょう。

私のクライアントに、行列ができる人気のパンケーキ店に行って、2時間並んだという女性がいました。

びっくりして「そんなにパンケーキが好きなんだ?」と聞くと、「そうでもない」と言うので、さらにびっくり。

詳しく話を聞くと、「雑誌でもテレビでも紹介されていたから……」とのこと。

たしかにテレビでは連日、話題のパンケーキ店や日本初上陸のスイーツ店などを紹介しています。

あれだけメディアで紹介されていれば、一度は行ってみたくなる気持ちもよくわかります。

でも、流行のお店は次から次へと変わっていきます。「そのお店が話題だから」という理由だけで、色々なお店に行き続けるとどうなるでしょうか?

もちろん、お金は貯まらず、自分のために使うお金も時間も、残すことができなくなってしまうのです。

好きなものにお金を使うとお金が貯まる

お金が貯まる人は「自分にとって何が幸せか」を理解しています。

どんなことにお金を使えば、自分が充実感や満足感を得られるかを知っているので、流行や他人の意見に流されて、お金を使うことがありません。

このことが、自分にとっての「浪費」を減らし、お金が貯まっていく理由なのです。

たとえば私は、家族や友人と楽しい時間を共有することや、自分の会社の仲間たちと力を合わせて仕事をやり遂げるなど、ごく普通の日常が幸せだと考えています。

だから、家族や仕事仲間たちが望むことであれば、そこには惜しみなくお金を使います。私が外食にお金をかけるのも、一緒に過ごす人たちにおいしい料理や上質な空間を味わってもらいたいからです。

それでみんなが喜んでくれたら、そのことが私を幸せにしてくれます。

だから、人と過ごす時間にお金をかけることは私にとって「投資」になります。

そのことがしっかりとわかってから、なんとなく飲み会に行くという、ムダな交際費も削れるようになりました。

「浪費」をなくすためには自分の好きなことにお金を使う

実は私も、20代半ばまでは、他人の目をものすごく気にする人間でした。

「他人に認められたい、評価されたい」というのは、人間が持つ根源的な欲求です。

誰だって、他人に褒められたり、注目されたら嬉しいものです。

でも、そのためだけに必要のないお金を使うのは、もったいないと思うのです。

今すぐ自分を幸せにしてくれるものを見つけるのが難しくても、普段の生活の中で「これは自分が本当に好きなことかな?」と問いかける習慣をつけてみてください。

その積み重ねが、「浪費」をなくし、後悔のないお金の使い方につながるのです。

そして「他人の意見に振り回されない人＝お金が貯まる人」に一歩ずつ近づいていけるはずです。

「自分の好きなもの」を知るとお金が貯まる

他人が好きなものにお金を使う人

「自分が幸せを感じること」や
「自分が好きなこと」がわからない

↓

人が「いいね！」というものに振り回される

↓

**とくに好きでもないものや流行のものに
ムダなお金を使ってしまう**

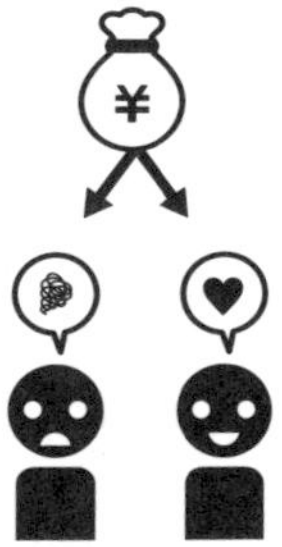

自分が好きなものにお金を使う人

「自分が幸せを感じること」や
「自分が好きなこと」がわかる

↓

人が何と言おうと
自分の意見を尊重してお金を使う

↓

**本当に好きなものや幸せを感じるものにしか
お金を使わない**

**「自分の好きなもの」を
大切にすれば、「浪費」が減って、
自然にお金が貯まっていく**

②

ムダ遣いをなくすことはとても大事ですが、我慢し続けると、
予想外の出費が爆発してしまうことも……。

お金が貯まる人は、
自分への「ご褒美」を大切にする
お金が貯まらない人は、
「ご褒美」を我慢して
支出が〝爆発〟する

自分への「ご褒美」は「投資」になる

第2章でもお話ししたとおり、自分への「ご褒美」は「投資」に当たります。

「今月は営業成績がよかった！」「先月はたくさん残業して頑張ったな……」

そんな頑張った自分に対して、次の仕事へのモチベーションを保つために、「ご褒美」を買うことは非常によいお金の使い方です。

そうやって買った「ご褒美」は大事にしますよね。

入社1年目の人からすると、「まだ自分にご褒美を買う余裕なんてない」と思うかもしれません。でも、それでもいいのです。

限度はありますが、たまには「ご褒美」に向かって、自分なりに工夫してお金を貯めるプロセスがとても大事なのです。

また、「これは自分への投資だ！」と思って買ったものを結局使わず、「浪費」になってしまうこともあるでしょう。

でも、そうやって失敗を繰り返すことで、より明確に「浪費・消費・投資」の区別がつくようになります。

入社1年目から「浪費・消費・投資」の区別をつけるクセをつければ、将来「浪費」が減っていくことにもつながります。

一気に支出が増えてしまう〝隠れ浪費〟に注意

お金が貯まらない人の中には、やりたいことや、欲しいものを自分の限界ギリギリまで我慢してしまう倹約家がいたりします。

とても倹約家なEさん。とにかく将来のために貯金したいと考えています。

「そろそろ春物が欲しいけど、去年着てたものが今年も使えるかな……」

「日帰りで温泉に行きたいけど、高いからやめておこう……」

Eさんは洋服も欲しいいし、旅行にも行きたいようです。でも、その欲を抑えて貯金に回します。

Eさんは、お金はあるのに使えないストレスでイライラ……。

そんなとき、友達とのドライブの途中でアウトレットに寄ることになりました。何も買うつもりはなかったのに、目に入るものすべて「安い！　欲しい！」と思ってしまいます。

そして帰る頃には、Ｅさんの両手には大量の荷物が……。

家に帰って買ったものを見ると、「やっぱりいらなかったな」と後悔がわいてきました。

Ｅさんのように、我慢しすぎて物欲が〝爆発〟し、買ったことを後悔するという経験をしたことがある人も多いでしょう。

前項で「自分の好きなものがわかると、『浪費』が減る」とお話ししました。

今回のＥさんの行動は、自分がやりたいことや欲しいものを我慢した結果、「浪費」が増えてしまったパターンです。

一見、倹約家に見えても、〝隠れ浪費家〟のように、１回の出費が大きくなってしまうこともあるのです。

なんとなく将来のためだけに、我慢し続けてお金を貯めていると、お金を貯めること自体がストレスに感じてしまいます。

さらに、入社1年目の人や20代の人は、「子どもの教育資金や老後のためにとお金を貯めていても、そのときの自分がイメージできないでしょう。

そうすると、「このお金は一体、いつ必要になるのだろう」とお金を貯める目的を見失ってしまいます。

ただ、やみくもにお金を貯めているよりも、あなたのやりたいことや、欲しいものに向かってお金を貯めたほうが、お金は貯まっていきます。

将来への対策も大切ですが、お金が貯まる人は「自分のためにお金を使う『今』も大切だ」と知っているのです。

自分への「ご褒美」はなぜいいのか？

自分への「ご褒美」は「投資」になる

目標に向かって自分なりに工夫してお金を貯めるようになる
お金の使い方を失敗しても「浪費・消費・投資」の区別がつくようになる

例）・自分のモチベーションを上げてくれる
　　　お気に入りのバッグ
　　・リフレッシュのための温泉旅行

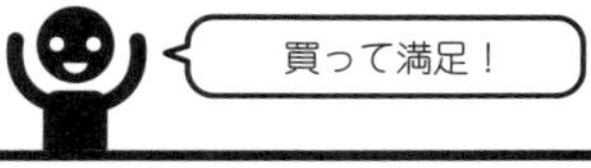

お金を貯めるだけだと支出が〝爆発〟する

なんとなくお金を貯めていると、ストレスが溜まる
ふとしたときにムダな「浪費」が増えてしまう

例）・セールで半額になっていたのでとりあえず買ったバッグ
　　・ネットショッピングで思いのままに買ってしまった洋服

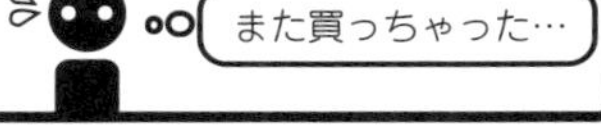

自分にお金を使うことを
大切にしないと、
せっかく貯めたお金も水の泡に

③

同じ金額を使っても、使い方によっては「投資」になる人と、「消費・浪費」になる人がいます。その違いはどこにあるのでしょう?

お金が貯まる人は、叙々苑は「お得」だと思う

お金が貯まらない人は、食べ放題が「お得」だと思う

食べ放題は本当に「お得」だろうか？

好きなものをたくさん食べられて、魅力的に感じる「食べ放題」。「よく行く！」という人も多いのではないでしょうか？　私の周りにも食べ放題が大好きな人がたくさんいます。

そんな食べ放題と、高級焼肉店として知られる叙々苑《じょじょえん》のランチの値段は、どちらも３０００円前後で、実はそれほど変わりません。

さらに、叙々苑には１８００円ほどのランチメニューもあります。

「お腹いっぱい食べることが自分にとって一番の幸せだ！」という人なら、食べ放題に行くことは、有意義な時間を過ごせることになり、「投資」になるでしょう。

でも、もし「食べ放題は安いから」という理由で行っているとしたら、それは本当にお得なのでしょうか？

食べ放題は基本的に2時間制のところが多く、店内も混雑しているため、ゆっくり友人や家族と過ごすことは難しいでしょう。

それに対して、たとえば、叙々苑のランチを同じ値段で食べに行ったとします。たしかに食べ放題より量は少ないですが、食べ放題に行くことでは得られない、サービスや高級食材を味わうことができます。

高級店なら、チェーン店や激安店では出されないような上質な肉やサービスを楽しめます。一般にはなかなか出回らないブランド肉も食べられるかもしれません。

お店によっては、店員さんが肉を焼いてくれることもあります。

その間、自分は席についたまま、高級感あふれる落ち着いた店内でゆったりくつろぎながら、友人や家族との時間を楽しむことができます。まさに至れり尽くせりです。

たとえ同じ1時間でも、食べ放題の混雑した店内で過ごすよりは、得られる満足感や心地よさは変わってくるでしょう。

食べ放題とそれほど変わらないお金で、これだけ有意義な体験ができるのです。

忘れられない「味」「体験」は、お金を貯めるエネルギーになる

入社1年目の人や20代の人にとって、高級店に行くことはハードルが高いと感じるかもしれません。

でも、高級店での体験は、お金を貯めるモチベーションにもつながります。

今まで味わったことのないおいしさを味わい、質の高いサービスを受ければ、必ず「またここに来たい」と思うはずです。

「今回はお手頃なランチだったけれど、次はぜひ1万円のディナーが食べたいな」

そんな欲も出てくるでしょう。

だから**「頑張ってお金を貯めよう」とやる気が生まれる**のです。

レベルの高いものに触れれば、自分の理想や目標のレベルもランクアップします。

この新しい体験があなたにとっての「投資」となり、しなくてもいい「浪費」を防いでくれるのです。

逆にいくら金額が安くても、何も満足せずに嫌な気分で帰ることになり、険悪な雰囲

気になるのであれば、それは単なる「消費」や「浪費」になってしまうのです。

入社1年目の人や20代の人は、自分のお金で高級店に行くことは少ないと思います。でも、いつもと違う体験にお金を使うことで、今までは知らなかった選択肢を持つことができます。

その体験を通じて得られる感動や発見から、「自分のお金でまた何度も来たい」と思えるようになると、あなたも「お金が貯まる人」の仲間入りです。

食べ放題はお得なのか？

「2980円で焼き肉を楽しむなら、どっち!?」

チェーン店の食べ放題

・肉は〝質より量〟
・注文するのにかなりの時間がかかる
・店内は混雑して落ち着かない
・店員のサービスもそれなり

VS

高級店のランチ

・上質な肉を厳選
・タイミングよく運ばれてくるコース形式
・高級感のある落ち着いた店内
・ホスピタリティあふれる一流のサービス

高級店なら同じお金で
何倍も有意義な時間を過ごせる！

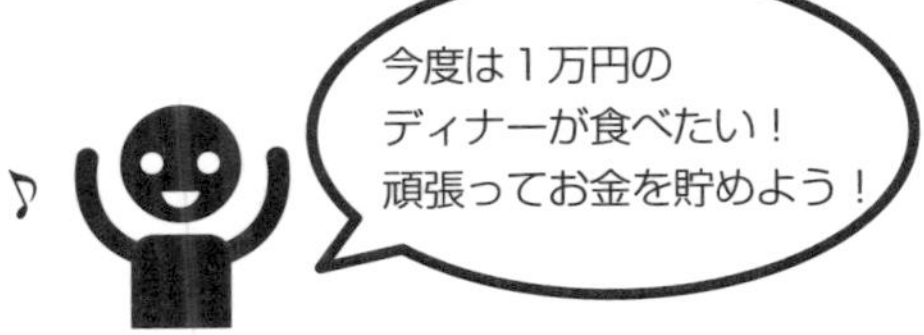
今度は１万円の
ディナーが食べたい！
頑張ってお金を貯めよう！

一流のものに触れることが
お金を貯めるモチベーションを生む

④

新幹線と夜行バスでは往復2万円以上の差があることもあります。
安いほうを選択して、「実は損した」なんて経験はありませんか？

お金が貯まる人は、新幹線のヘビーユーザー お金が貯まらない人は、夜行バスのヘビーユーザー

交通費をケチると、痛い目を見る

20代前半まで、私は実家へ帰省するのに夜行バスを使っていました。

私は大分県出身ですが、東京～福岡間のバスがあったので、いつもそれを利用していたのです。

目的は、もちろん〝節約〟のため。飛行機は高いし、東京と九州は距離があるので、新幹線でもかなりの金額になります。

まだ入社1年目でお金もなかった私は、少しでも交通費を安くしようと、一番お金がかからない夜行バスを選んでいました。

ところが25歳になったある日。

いつものように夜行バスを降りて歩き出した私の腰に、かつてない激痛が……！

なんと私は、福岡の街の真ん中でぎっくり腰になってしまったのです。

15時間も座りっぱなしだったので、自分が思う以上に腰に負担がかかっていたのでしょう。

そのまま動けなくなり、せっかく帰省したにも関わらず、1週間はずっと布団の上で寝て過ごすことになったのでした。

それ以来、私は夜行バスの利用をやめました。

たしかに交通費は〝節約〟できますが、それと引き換えに健康や時間を失うことに気づいたからです。

さらに私のように体調不良にでもなれば、治療費や薬代もかかります。交通費を〝節約〟しても、結局はムダな出費が増えることになってしまったのです。

旅行するときなどに、夜行バスを使ったことがある人も多いかもしれません。

東京ディズニーランドへ行くため、ワクワクしながら深夜に地元を出発したものの、固いシートに座ったままではゆっくり眠れない。早朝に現地に到着する頃には眠気と疲労でぐったり。どこかで休もうにもカフェなどはまだ準備中……。

こんな経験をしたこともあるのではないでしょうか？

これでは、せっかく東京ディズニーランドに行っても、十分に楽しむことはできないでしょう。

「新幹線なら3万円だけど、夜行バスなら9000円！」

この差額を見ると、どうしても「2万円以上も節約できるなんてお得！」と思ってしまう気持ちもよくわかります。

しかし、**いくら交通費を節約しても、移動した先で肝心の目的を果たせなければ、夜行バス代の9000円も結局は「浪費」になってしまう**のです。

「お金を使う＝何かを得る」ということ

私は現在、移動するときには、なるべく時間がかからない手段を選んでいます。

たとえ少しお金はかかっても、私にとって大切な時間や健康を守れるなら、それは「投資」になると考えるようになったからです。

出張の際も、飛行機であれ新幹線であれ、目的地まで早く快適に行ける手段を使います。できるだけ体に負担をかけず、ベストコンディションで現地に入れれば、仕事先での商談やプレゼンにも万全の状態で臨めるからです。

近距離の移動も、必要に応じて、タクシーを使うようになりました。

移動時間そのものを短縮できるだけでなく、スキマ時間に仕事ができるからです。

たとえ10分間でも、その間に仕事が1つ片づけば、その分仕事の効率は上がります。


入社1年目の人や20代の人は、「いつも新幹線やタクシーを使うのはちょっとキツいなあ」と思うかもしれません。

もちろん、今はそれでかまいません。私も20代の頃は同じように考えていました。

でも私のような失敗をするうちに、いつかきっと**「お金を削るところを間違えているんじゃないか?」**と疑問に思うときが来るはずです。

そんなときは、「このためにお金を使うと、自分がどんな得をするかな？　それはお金を使ってでも得たいものなのかな?」と自分に問いかけてみましょう。

そうすることで「これは本当にお金を払う価値があるものなのか」がわかってきます。

すると、あなたなりのお金の使い方の軸ができて、損をすることもなくなります。

その交通費は「投資」か「浪費」か？

得るものと失うものを比較して
どちらが本当に「お得」か考えてみよう！

	新幹線	夜行バス
メリット	・短時間で目的地に到着 ・シートも快適で疲れない ・仕事をしたり食事をとったりと車内の時間を有意義に使える ・目的地での仕事や遊びに万全の体制で臨める	・料金が安い 
デメリット	・料金が高い 	・目的地まで長時間かかる ・固いシートに座りっぱなしで疲れる ・翌日は寝不足と疲労で体調を崩しがち ・目的地での仕事や遊びにも集中できない

交通費に「投資」することで
返ってくるリターンは
思った以上に大きい

「時間」「健康」などの大切なものを
守るために使うお金は
「投資」になる

第4章

お金が貯まる人は、お金にも働いてもらう

①

「資産運用＝お金持ちがやるもの」

その考えは大きな間違い！　あなたの年収に見合った資産運用は必ずあるのです。

お金が貯まる人は、500円から資産運用を始める

お金が貯まらない人は、「お金がないから」とあきらめる

「資産運用＝お金持ちの世界」はウソ？

「資産運用」という言葉から、あなたは何を連想するでしょうか？

「よくわからないけど、お金持ちがやることでしょ？」

入社1年目や20代の人は「資産運用」に対して、そう考える人も多いでしょう。

どうやら「資産運用＝お金持ちが、さらにお金を増やすためにやるもの」というイメージが強いようです。

でも実際は、ごく普通のサラリーマンや主婦も資産運用をしているのです。

それどころか、実はあなたもすでに資産運用をしているはずです。

「えっ、どういうこと？　自分は銀行の預金しかないんだけど……」

そう、それです！

その普通預金や定期預金も、立派な「資産運用」なのです。

株や投資信託、ＦＸといった金融商品だけが、資産運用の手段ではありません。

資産運用とは、さまざまな方法によって利益を上げ、お金を増やすことです。

普通預金や定期預金でも、銀行にお金を預けていれば利息がつきます。

現在は超低金利ですから、増える割合は微々たるものですが、たとえわずかでもお金が増えれば、それは資産運用になるのです。

このように、資産運用にはさまざまな形があります。

お金も「ブラック企業」で働かせてはいけない

私はいつもクライアントの方に、**「資産運用とは、お金に働いてもらうこと」**と説明しています。

あなたは普段、自分が働くことで、給与という収入を得ていますよね。

お金が頑張って働いて、〝利回り〟という収入を得るのが資産運用です。

「あなた→お金」「給与→利回り」に置き換えれば、わかりやすいでしょう。

このとき、お金が働く場所や環境には、色々な種類があります。

銀行で働くお金もあれば、郵便局で働くお金もあるし、生命保険会社や証券会社で働くお金もあります。

また、ひと口に銀行といっても、国内の銀行で働くお金もあれば、外国の銀行で働くお金もあります。

そして、お金がどこで働くかによって、収入をどれだけ得られるかが違ってきます。

私たち人間も、どの会社で働くかによって、もらえる給与が違います。

お金の場合も、それと同じなのです。

「お金にとってのブラック企業」とは、あなたのお金がなくなる危険性が高い資産運用のことです。

たとえば、期間が短すぎる資産運用。もし、あなたが上司から次のような言葉を言われたらどちらの成功確率が高いと思うでしょうか？

「1日で100件契約を取ってこい！」

「1年で100件契約を取ろう」

どちらかは明確ですね。「1年で100件契約を取る」ほうが成功確率は高いでしょう。

「1日で契約を100件取る」の成功確率が低いように、お金も短期間で増やすのは不可能に近いのです。

また、先ほどもお話ししたとおり、銀行預金も資産運用の1つです。

しかし、銀行預金だけでは、お金に「サービス残業」をさせているようなものなのです。

日本のほとんどの銀行の2017年3月現在の普通預金金利は、ほぼ年0・001％です。このことからもわかるように、銀行に預けているだけではお金は増えません。

しかし、1990年代の普通預金金利は、なんと今の760倍だったのです。

つまり、20年ほど前と比べて760分の1になっています。

これをあなたの給料に当てはめて考えてみてください。20年ほど前から給料が760分の1になっている会社には入りたいとは思いませんよね？

ですから、あなたのお金も、よい環境で働かせてあげることが大切なのです。

手元にあるお金が少なくても、その金額に見合った働きやすい環境が、必ずどこかにあります。

入社1年目、22歳からの資産運用で、1500万円貯めた話

先ほど私は、「普通預金も資産運用だ」とお話ししました。

ただ、現在はあまりにも金利が低く、ほとんどお金が増えません。

主要な銀行の普通預金金利は、2017年3月現在で年0・001％です。

10万円を預けても、1年後に増えるのはわずか1円なのです。

だったら、収入を増やすための手段として、他の資産運用を始めてみる選択肢もいいかもしれません。

実際に、私のクライアントであったFさんをご紹介します。

Fさんが株式投資を始めたのは22歳の頃でした。ちょうど入社1年目のときです。

Fさんは手持ちの資金がなかったので、「自動貯蓄」の仕組みでコツコツと貯めていき、そのお金を原資に株式投資に挑戦。アベノミクスの好景気などもあり、株式投資で1500万円手にしました。

彼は、かなりの倹約家であり、毎月10万円を貯蓄に回していたので、完璧に真似をするのは難しいと思いますが、「自動貯蓄」の仕組みと資産運用の組み合わせで、22歳～27歳の約5年間で1500万円を手にすることができたのです。

まとまったお金がなくても、始められる資産運用はたくさんあります。

月500円から始められる投資信託や、月1000円程度から積み立てられる投資信託などもあるのです。

世の中には、少額から始められる資産運用は、探せばいくらでもあります！

自分ができそうな資産運用を探し、お金を長期的に、よい環境で働かせてあげれば、お金を無理なく増やせるのです。

若ければ若いほど、お金を増やすことに対して、長い目で見ることができます。

資産運用は誰でも始められる

「資産運用」とは…
お金に働いてもらうこと！

自分が働くと…
給与やボーナスなどの
「収入」を得られる

お金に働いてもらうと…
利回りという「収入」を
得られる

「自分が働く」+「お金も働く」＝効率よくお金を増やせる！

お金の働く場所には、さまざまな種類がある
・銀行（国内、海外）
・郵便局
・証券会社
・生命保険会社など

➡ 自分のお金が働きやすい環境を見つければ
手元のお金の状況に合わせて資産運用を始められる

資産運用は誰にでも始められるもの。
お金を身の丈に合った場所で
働かせてあげれば、
無理なく増やすことができる

②

「借金」と聞くと、イヤなイメージを持つ人が多いはずです。
でも、借金には「良い借金」と「悪い借金」があるのです。

お金が貯まる人は、借金をうまく利用する
お金が貯まらない人は、借金を毛嫌いする

借金には「良い借金」と「悪い借金」がある

会社勤めの人で、クレジットカードを持っていないという人は少ないと思います。

「今はちょっと財布が苦しいから、カードの支払いを来月まとめて払おう」

そう思ってしまったこともあるのではないでしょうか？

私にも似たような理由で、借金をした経験があります。

私が人生で初めて「借金」をしたのは、新入社員の頃でした。

予定外の大きな出費が続き、手元の現金がどうしても足りなくなり、クレジットカードで何度かキャッシングをしたのです。さらに、返済の期日までにお金が用意できず、期限を過ぎてしまったこともありました。

もちろんすぐにきちんと返済したので、そのことはすっかり忘れていました。

ところが20代後半になって、不動産投資のためにローンを組もうと銀行へ行ったら、過去のクレジットカードの履歴が理由で断られてしまったのです。

第3章でお話しした「信用情報」に、私の延滞履歴がバッチリ残っていたのです。

きちんと事情を説明し、それ以降は信用情報に傷がつくようなお金の使い方はしていないことが証明できたので、結果的にローンを組むことができましたが、あのときは冷や汗をかきました。

こんなエピソードを聞くと、「お金やクレジットカードの管理を入社1年目からしっかりやって、借金だけは絶対にしないぞ」と思いますよね？

たしかに、世の中には「悪い借金」がたくさんあります。

でも、実は「良い借金」も世の中にはあるのです。

カードローン、リボ払いは「悪い借金」

まずは、「悪い借金」からお話ししていきましょう。

違法な手口でお金を貸す「ヤミ金」などは論外ですが、私たちの周りには、「悪い借金」が多く存在します。

とくに私が心配なのは、「カードローン」を利用する20代が増えていることです。

最近はテレビでも、カードローンのＣＭを見かけることが多くなりました。誰でも知っている大手銀行が、有名な俳優さんや女優さんを使って、「最短30分で審査できます！」などとPRしています。

クリーンで堅実なイメージの銀行の名前を使った、おしゃれで華やかなCMを見ていると、とてもこれが「借金」の宣伝とは思えないほどです。

それを見ると、「カードローンはちょっと抵抗があるけど、銀行なら安心だろう」と信じて、ついお金を借りてしまう人が多いのかもしれません。

ここで注意しなければならないのが、**カードローンは「借金」**だということです。もちろん、高い金利がつきます。そして、信用情報にしっかり記録されてしまいます。

ですから、**カードローンの履歴があると、その人の評価は非常に悪くなります。**

たとえば、あなたが入社1年目にA銀行のカードローンで借金をしたとしましょう。その3年後に、A銀行で住宅ローンを申し込もうとしたら、評価が悪くて審査が通らない、もしくは条件が悪くなるということもあるのです。

自分たちでお金を貸したのに、その相手の評価を下げるのですから、あまりにひどい話ですが、こうした事実を知らないと、のちに大きな後悔をすることになりかねません。

私自身が新人のときに痛い目を見ているからこそ、みなさんにはくれぐれも注意するよう、声を大にしてお伝えしたいのです。

そして忘れてはいけないのが、クレジットカードの「リボ払い」。

第3章でもお話しした通り、**「リボ払い」は金利負担額が大きくなる仕組み**です。

最初は少し借りただけのつもりでも、返済額がどんどん増えていくことになります。

こうした**「カードローン」や「リボ払い」は、間違いなく「悪い借金」**です。

では「良い借金」とは？

でも、すべての借金が悪いわけではありません。

「良い借金」もあると私は考えています。

たとえば、奨学金は「良い借金」ではないでしょうか。

「奨学金は借金だから早く返済しないと」と、お金がない中で苦しんでいる人を私は何人も見てきました。

しかし実際は、奨学金の金利はかなり低く、最近は年1％以下が続いています。

他の教育ローンやカードローンなどと比べればかなりの割安ですから、それだけでも賢い借金の仕方と言えます。

また、学費を自分で負担することで、お金に対する意識も高まります。「学校に通うにはこれだけお金がかかるのか」「社会に出たら、人一倍頑張って早く奨学金を返済しよう」という自覚も生まれるでしょう。

その自覚があるだけで、入社1年目のボーナスなどで大金を手にしても、お金の使い方はだいぶ変わってきます。その意味でも、奨学金は決して「悪い借金」ではないでしょう。

他にも「良い借金」はあります。先ほども出ましたが、「不動産投資ローン」という言葉を聞いたことがあるでしょうか？

簡単に言うと、これは、投資用のマンションやアパートを購入するために、金融機関からお金を借りる仕組みです。

なぜ「良い借金」かというと、少ない自己資金でも不動産を購入することができるからです。

もちろん金融機関は、その人にお金を貸すかどうかを厳しく審査します。

ただ、不動産投資ローンの場合は、現時点での年収や貯蓄だけでは判断しません。その人が安定した会社に勤める会社員であり、投資する住宅が優良物件だと判断されれば、お金を貸し出してくれます。

ですから、入社1年目で給与が低い人や貯金が少ない人でも、その他の条件を満たせば、ローンを組めることも多くなります。

私のクライアントの方でも、80万円の自己資金で、1500万円の不動産投資ローンを組んだ人がいます。

こうして、**最低限の投資で大きな投資効果をあげれば、借金をした以上の利益を生むことができます。**これをお金の世界では「レバレッジを利かせる」と言います。

「良い借金」をすることで、資産形成を行っていくことができます。

ここで大事なのは、「良い借金」と「悪い借金」を見分ける目を持つことです。

「借金」を毛嫌いするのでもなく、カードローンなどで安易に借金をするのでもなく、自分にどんなメリット・デメリットがあるのかを正しく理解しましょう。

そうすれば、あなたも「良い借金」を賢く利用して、お金が貯まる人になれます。

「借金」には２種類ある

すべての借金が「悪」ではない！

「悪い借金」	「良い借金」
＝借りるのは簡単だが 手数料が高く 借金がどんどん増える 例）・カードローン ・リボ払い ・ヤミ金融	＝借りる際に審査があり 借りた金額以上の リターンを見込める 例）・奨学金 ・不動産投資ローン

借金のメリットとデメリットを正しく理解すれば
「良い借金」をうまく利用して
大きな利益を得ることも可能になる

「良い借金」と「悪い借金」を
見分ける目を持つことが大切

3

人生でお金が一番かかる時期は、40代から50代前半です。
お金がない20代のうちに少しずつでも資産運用を始めておけば、
子どもがいても、病気になっても、親の介護のときでも困りません。

お金が貯まる人は、20代で資産運用を始める
お金が貯まらない人は、60代から始めようとする

20代が持つ「時間」という大きな資産

「銀行預金以外の資産運用を始めてみませんか？」

もし、あなたが今、そうすすめられたら、どう思うでしょうか。

「まだ20代なのに、ちょっと早いんじゃないかなあ」

「新入社員で貯金もないし、お金に余裕ができてからでも遅くないのでは？」

そう思う人がほとんどだと思います。

だとしたら、もったいない！

たしかに入社1年目や20代のあなたは、手元の資産はまだ少ないはずです。

でも、そのハンデをはるかにしのぐ大きな資産を持っているのです。

それは「**時間**」です。

資産運用でお金を増やそうとするとき、時間ほど強力な強みはないのです。

あなたが現在23歳なら、20年経ってもまだ43歳です。

ということは……

20年後に満期を迎える金融商品を今買えば、その間に増えたお金を43歳で受け取れるということです。

40代、50代前半といえば、人生で一番お金がかかる時期なのです。

結婚して子どもの教育資金が必要になったり、家を購入して住宅ローンの支払いに追われたりと、財布から飛ぶようにお金が出ていきます。人によっては親の介護もあるでしょう。

そんなとき、20年前に働きに出たお金が、大きく増えて戻ってきたら助かりますよね。

ところが、60歳で同じ金融商品を買うと、満期を迎えるのは80歳です。

繰り返しになりますが、40代~50代前半は人生で最もお金が出ていく時期です。会社では管理職に昇進して、仕事が一層ハードになる頃でもあります。

「お金を貯めてから資産運用を始めよう」と考えていたのに、いざその時期を迎えたら、手元のお金がどんどん減っていく焦りと仕事の忙しさが相まって、資産運用のことを考える心の余裕すらないという人が少なくありません。

だからこそ、時間にも心にも余裕がある20代が、資産運用を始めるチャンスなのです。

「複利」効果で30年後には4倍の差

「時間」が持つ効果は、まだあります。

それは、時間をかけるほど、資産運用で大きな〝利回り〟を得る可能性が高いことです。

第3章で、「複利」について説明しました。

元本だけでなく、「元本＋利息」に対して、利息がつく仕組みでしたね。

これが「リボ払い」のような借金に適用されると、雪だるま式に借金が増えてしまいます。

でも、資産運用で複利の効果を利用するとどうなるでしょうか？

そうです。**今度は〝利回り〟が雪だるま式に増えていくのです。**

〝利回り〟とは134ページで説明した、「お金に働いてもらって得る収入」のことです。

左ページのグラフを見てください。

「100万円を年10%」で運用した場合、単利と複利で〝利回り〟にどれくらい差が出るかを示したものです。

「単利」とは、元金だけに利息がつくことを言います。

運用を始めて5年や10年では、両者の間にそれほど差はありません。

ところが、10年を超える頃から一気に差が広がり、30年後には4倍以上の差が！

まだ20代の人なら、これから30年かけて複利効果でお金を大きく増やす時間の余裕があります。

時間を味方につければ、効率のよいお金の増やし方ができるのです。

早く始めれば始めた分だけ、将来お金が必要なときに、お金が働いてあなたのところへ戻ってきてくれます。

どんなピンチにも打ち勝つために、お金が貯まる人は、「時間」という資産を使って、「お金」を増やしているのです。

「時間」が持つ大きな効果

「時間」という強みを生かせば
資産運用で大きな〝利回り〟が得られる

とくに「複利」を利用した場合、
同じ元手でこれだけの差が！

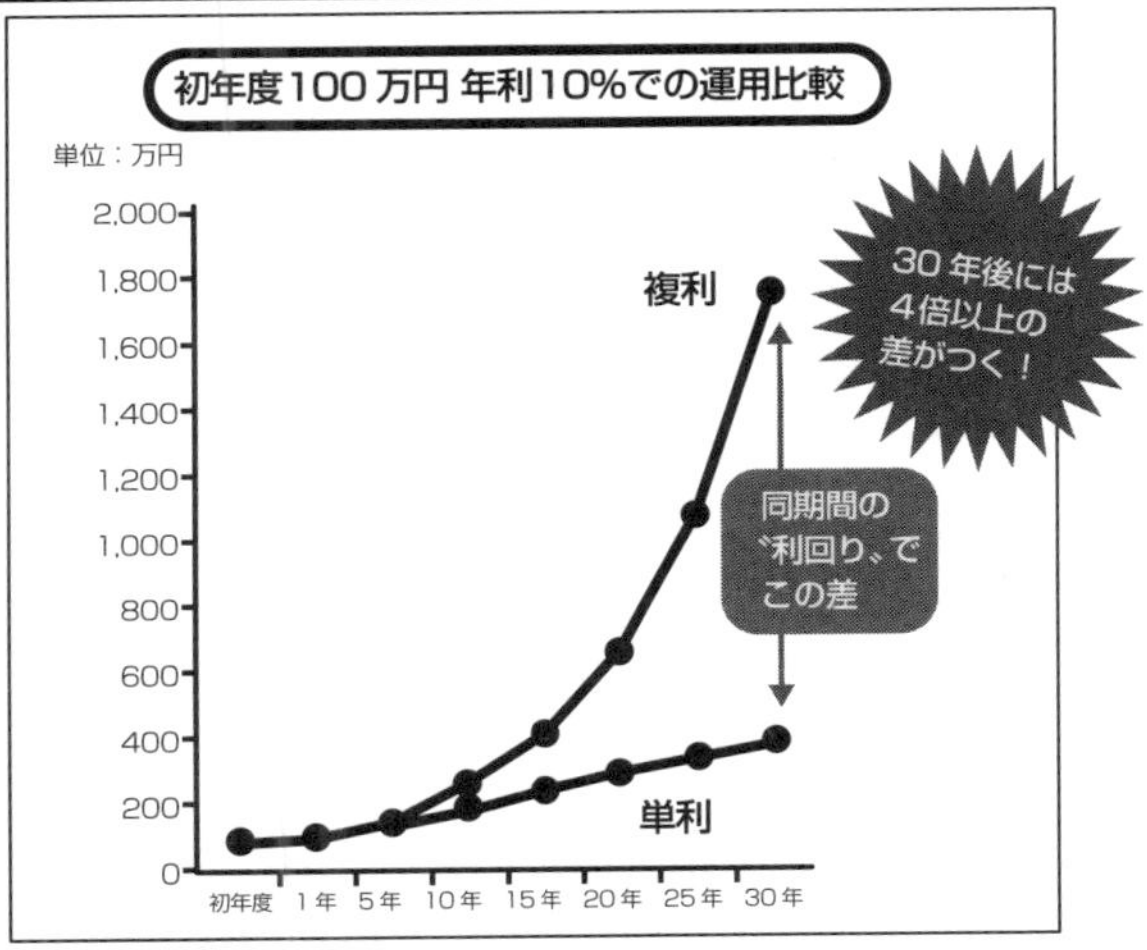

人生の残り時間が長い20代ほど
お金を大きく増やせるチャンスがある！

「時間」という財産を生かして
資産運用は早めに始めよう

④

お金が貯まる人は、複利の効果を使って賢くお金を貯めています。
一方で、お金が貯まらない人は、「銀行預金なら安心」と思い込み、
銀行預金の「見えないリスク」を見過ごしています。

お金が貯まる人は、賢く投資を活用する
お金が貯まらない人は、銀行預金だけで貯蓄する

「リスクゼロ」の金融商品は「リターンもゼロ」

「資産運用はお金持ちだけがやるものでも、年齢を重ねてから始めるものでもない。入社1年目から始めたほうがいいものだ」

ここまで読んでくださったあなたなら、よくわかっていただけたかと思います。

それでも資産運用をためらう人がいるとするなら、こんな理由ではないでしょうか？

「資産運用にはリスクがあるんでしょ？」

その答えは「イエス」です。

資産運用には、株や投資信託、保険や不動産投資などさまざまな手法があります。

でも「リスクがゼロ」という金融商品は、残念ながらこの世に1つも存在しないのです。

どんな金融商品も、「リスク」と「リターン」のバランスで成り立っています。

簡単に言うと、こんな関係です。

「リスク」が大きければ、「リターン」もそれだけ大きくなる可能性がある。

ですから、もしリスクがゼロの金融商品があったら、リターンの可能性もゼロになってしまうので、金融商品として成り立たなくなってしまいます。

「リスク＝危険」は勘違い

「え〜、必ずリスクがあるなんて、やっぱり資産運用は怖いじゃん！」

いやいや、それは勘違いです！

資産運用における「リスク」とは、正確には「危険」という意味ではありません。

リスクとは、「変動幅」という意味です。


左ページの図を見てください。

A社とB社の株価の動きを示したものです。

A社とB社を比べると、株価が上下する幅に差があるのがわかります。

この幅を、お金の世界では「リスク」と呼んでいます。

この場合なら、「B社の株は、A社の株よりリスクが大きい」と表現できます。

「リスク」の意味を正しく理解する

資産運用における**「リスク」**とは
× 「危険」
○ 「変動幅」

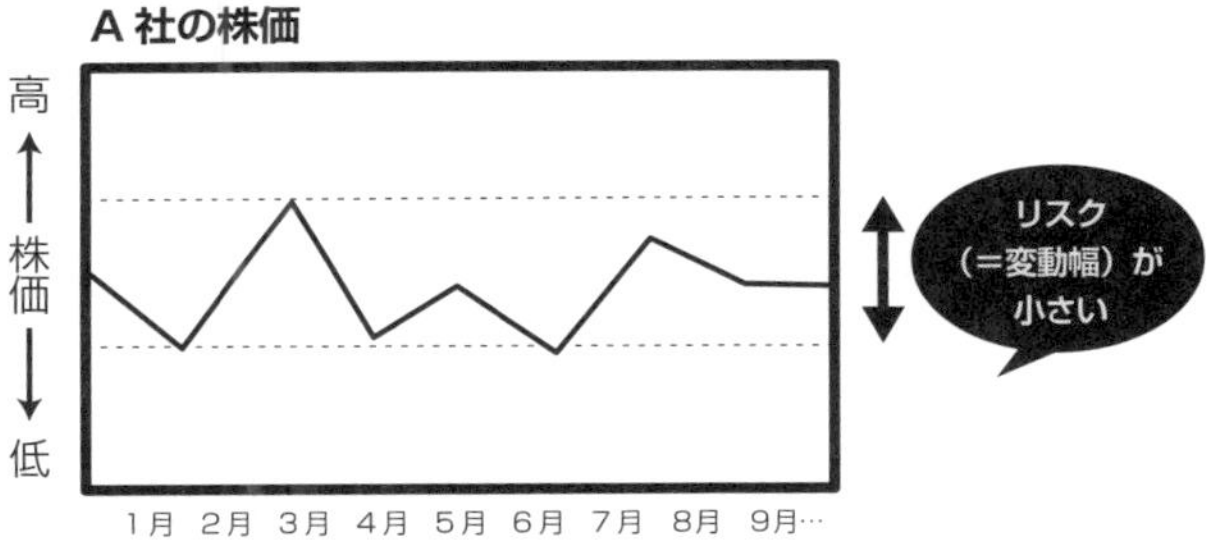

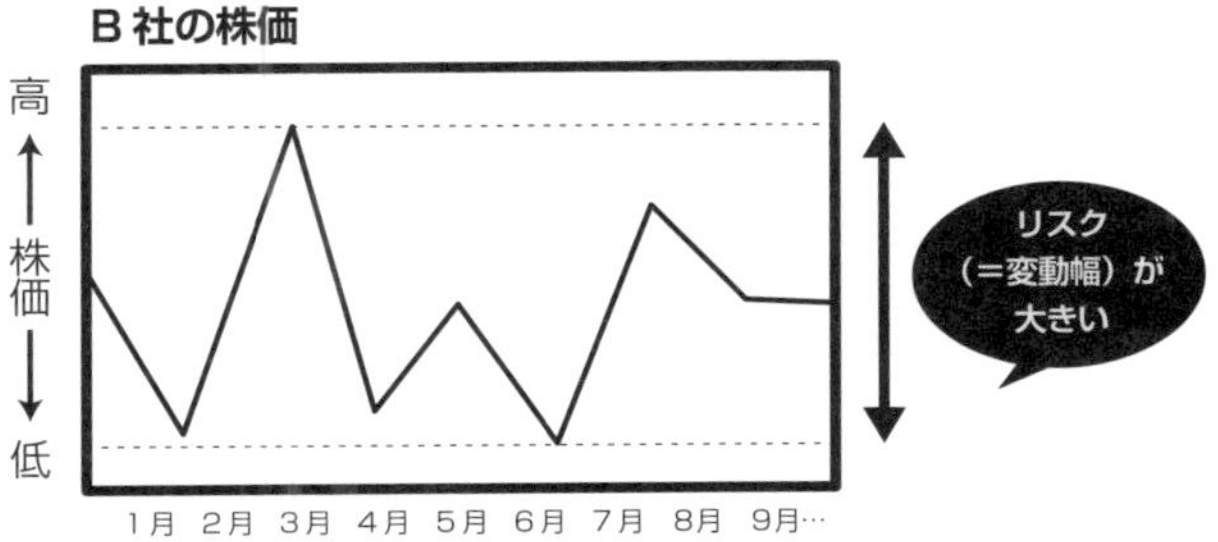

お金の世界の「リスク」とは
「危険」という意味ではない！

「この金融商品はリスクがある」と言ったとき、それは「この金融商品は危険である」という意味ではないのです。

たとえば、あなたがどうしても遅れられないアポイントがあったとします。電車で行くと確実に5分遅れで到着しますが、遅刻は遅刻です。しかし、タクシーで順調に行くことができれば、遅刻はしないかもしれませんが、もし渋滞に巻き込まれてしまったら、電車で行くよりも遅れてしまう危険性がありますね。金融商品もこれと同じなのです。「リスク＝変動幅」というのは、「不確実性がある」という意味なのです。

１５７ページの図を見ると、「リスク」と「リターン」の関係もわかりやすいはずです。

B社の株はA社の株より変動幅が大きいので、大きく下がるときもあれば、大きく上がるときもあります。

だから、大きく上がったときに売れば、大きな収益が得られるわけです。

ただし、タイミングを間違って大きく下がったときに売れば、それだけ損失を出すことになります。

A社の株はB社の株より変動幅が小さいので、それほど大きく上がることもなければ、大きく下がることもありません。

大きな収益を得るチャンスはB社より少なくなりますが、その分大きな損失を出す機会も少なくなるわけです。

金融商品には必ず「変動幅（不確実性）」があります。

しかし、どんなものかを理解すれば、「この金融商品には『リスク』があるけれど、自分はここまでなら許容できる」と冷静に判断し、「リスク」に備えることができるのです。

そうすれば、「リスク」を恐れることもなくなります。

もちろん、どこまで「リスク」を許容できるかは、人それぞれ違うでしょう。

だから無理をせず、自分が「リスク」をとれる範囲で資産運用をしてほしいと思います。

銀行預金の「見えないリスク」

しかし、もし「リスク」に「危険」という意味を持たせるとしたら、それは「見えないことによる危険性」という意味があります。

多くの人がすでに利用している普通預金は、「見えないリスク」が存在します。

簡単な例でお話しすると、おばけ屋敷が怖いのは、暗くて何も見えないからです。でも、ライトで照らせば先が見えます。「あそこからおばけが飛び出してきそうだな」とわかれば、心構えができるのでもう怖くありません。

たとえば、銀行預金の「見えないリスク」は〝インフレ〟によるリスクです。インフレとは、「物の価格が上がって、お金の価値が下がること」です。反対に、「物の価格が下がって、お金の価値が上がること」を〝デフレ〟と言います。

今の政府は「デフレ脱却」を目指しています。つまり、今後はインフレが進んで、物の価格が上がっていく可能性があるということです。

136ページでお話しした通り、現在の普通預金金利は年0・001%。10万円を預けても、1年後につく利息は1円ですから、10万円の価値はほぼ変わりません。

ところが、その1年の間に、物の価格が年1%上がったとしましょう。

1年前なら10万円で買えたバッグが、今は10万1000円に値上がりしています。

つまり、1年前なら普通預金にあるお金で買えたものが、今年は買えなくなってしまうわけです。

これが〝インフレリスク〟です。

多くの人が「銀行預金なら安全」と思うかもしれませんが、金利が低い普通預金や定期預金にお金を入れっぱなしにしておくことで、実質的なお金の価値をどんどん減らしてしまうかもしれないのです。

お金が貯まる人は、自分で理解し、許容できる範囲でリスクをとり、賢く資産運用を活用してお金に働いてもらっているのです。

お金が貯まる人は、「リスク」の意味を正しく理解しています。

だから、「リスク」を怖がることがないのです。

5

「保険は安心です」と言われると、ついつい入っておこうと思ってしまいます。
しかし、その保険は本当にあなたに必要なものなのかを、見直す必要があります。

お金が貯まる人は、不動産投資で一石〝五〟鳥
お金が貯まらない人は、保険で一石〝一〟鳥

保険に入っておけば本当に安心？

第４章をここまで読んで、「銀行にお金を預けているだけでなく、何か投資をやってみようかな」と思った人もいるかもしれません。

私がおすすめする中のひとつに「不動産投資」があります。

不動産投資は１つで何種類もの〝リスク〟をカバーできる投資だからです。

ここでいう〝リスク〟とは、前項でお話しした「変動幅」の意味ではなく、「将来必要になるかもしれない出費」という意味です。

つまり、保険に入らなくても、将来の資金対策をすることが可能なのです。

では、不動産投資で、何種類もの〝リスク〟をカバーするとはどういうことなのか、お話ししていきます。

その前に質問です。あなたは会社で保険に勧誘された経験がありますか？

また、テレビで、生命保険のＣＭが大量に流れているのをご存じでしょうか？

「入院1日につき1万円、死亡時には2000万円！」

「先進医療にも対応します！」

「働く女性のための保険です！」

……などなど、ありとあらゆるタイプの保険商品が宣伝されています。

「保険に入っておけば、なんとなく安心」と考えている人も多いでしょう。


でも、その生命保険は、あなたにとって本当に必要でしょうか？

現在は、どの病院も入院期間をできるだけ短くする方針をとっています。

ですから、入院日数に応じてお金が支払われる保険は、実はあまり役に立ちません。

「入院1日につき1万円」のために毎月保険料を払い続けても、1日で退院することになれば、もらえるのはたった1万円で終わってしまいます。

先進医療や女性ならではの病気に対応するとうたっていても、実際は保険料を支払う対象が非常に細かく決められているため、「今回の治療は『先進医療』に当てはまらないと言われて、1円もお金をもらえなかった」というケースは多くあるのです。

いざというときに必要なお金をもらえなければ、それまで支払った保険料は、すべてムダになってしまいます。

入社1年目の人や20代の人は、「病気になった自分」を想像しにくいものです。保険会社に言われるがまま、保険に入ってしまうのも無理はないと思います。

ですが、すすめられるまま入ってしまうと、毎月の保険料の支払いがキツくなったり、同じような保障の保険に何社も入ってしまうことになりかねません。

私のところへ相談に来たある20代女性は、なんと5つも同じタイプの医療保険に入っていました。月の手取りが20万円台なのに、毎月5万円以上の保険料を払っていたのです。

本人は「もし病気になったらと思うと不安で、保険会社にすすめられるまま入ってしまった」と言いますが、おかげで貯金はゼロ。毎月の生活もギリギリのようでした。

これではまさに〝保険ビンボー〟。

保険が自分を守るどころか、自分を苦しめる存在になっていたのです。

1つで何種類もの〝リスク〟をカバーする方法

生命保険は、基本的に「一石一鳥」の金融商品です。

「入院に備えるため」「死亡時に備えるため」「老後に備えるため」「親や自分に介護が必要になったときのため」など、どの商品にもそれぞれ目的があります。

ですから心配ごとが増えるたびに、医療保険、死亡保険、年金保険、介護保険など、いくつもの保険に入ることになります。

でも先ほど163ページでお話しした不動産投資なら、1つで何種類もの〝リスク〟をカバーできます。

不動産投資とは、マンションやアパートを買い、それを個人や会社に貸し出して、入ってくる家賃で収益を得る方法です。

会社を定年退職した後も、安定した家賃収入があるので、老後資金の備えになります。

ローンを組んで不動産を購入する際、「団体信用生命保険」に加入すれば、本人が亡くなったり、高度障害を負った場合に、残りのローンは生命保険会社が支払ってくれます。

つまり、死亡時や介護が必要になったときにも備えられるわけです。

また、急にお金が必要になった場合、不動産を売却して現金に換えることもできます。これで他のものにも備えられます。

さらには、不動産投資をすると所得税や住民税が戻ってくることもありますし、節税対策にもなります。

私のクライアントで薬剤師の方がいました。この方は当時25歳でしたが、保険を見直して必要最低限にし、不動産投資で〝リスク〟をカバーすることにしました。

薬剤師という職業は、年収が一般企業と比べて高いので、税金が高いのが悩みでしたが、不動産投資で節税をし、なんと初年度は50万円も節税対策を行うことができました。

このように、一石二鳥どころか、一石で五鳥や六鳥を得られるのです。

私は「今すぐ不動産投資を始めろ！」と言いたいのではありません。

今入っている保険を見直せば、あなたのお金の使い方を見直すこともできます。

あなたのお金は、働いた分の給与をちゃんと払ってもらえる環境にいるでしょうか？

毎月の給与も払ってくれないような、「ブラック企業」で働かせてはいませんか？

入社1年目の人や、20代の人は、保険に入る前に「その保険は本当に自分に必要なのか？」と一度よく考えてみてください。

商品と自分の現状をよく理解することが、とても大切です。

30代、40代の人は今入っている保険は、本当にあなたに適したものでしょうか？

本書では、保険の代替として不動産投資を紹介しましたが、**保険に頼りきりにならない選択肢を知ることが非常に大切なのです。**

お金が気持ちよく働ける環境を見つけてあげること、選択肢を幅広く持つことで、あなたが困ったときに、あなたのお金はひと回りもふた回りも大きく成長して戻ってきてくれるはずです。

「一石五鳥」の不動産投資とは？

保険は基本的に１つで１種類の〝リスク〟をカバー

医療保険	⇒	入院や治療への備え
死亡保険	⇒	万が一への備え
年金保険	⇒	老後への備え
介護保険	⇒	介護への備え

不動産投資は基本的に１つで何種類もの〝リスク〟をカバー

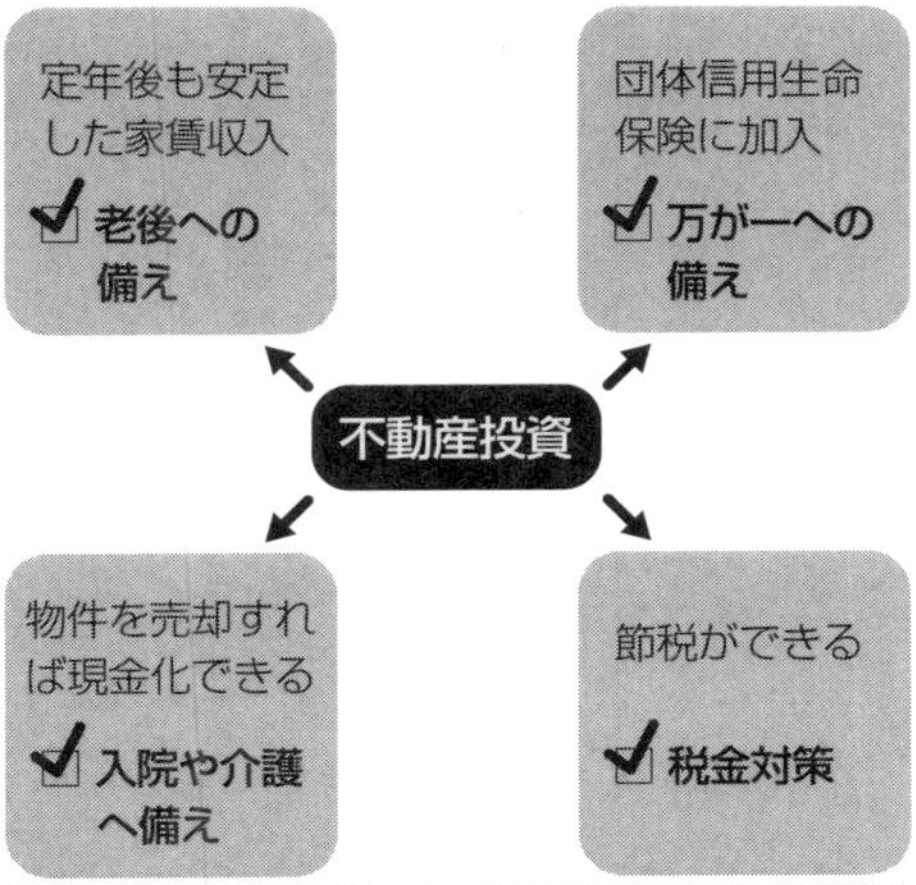

「保険に入れば安心」と考えず、より効果的な備えもあることを知っておこう！

第5章

お金が貯まる人は、お金を使って人生を楽しむ

①

お金を貯めるためには「目標設定」が不可欠です。
漠然と「将来のため」にお金を貯め続けるよりも、明確な期限を設定することが
お金を貯めるコツです。

お金が貯まる人は、夢に締め切りを設定する
お金が貯まらない人は、夢を見続ける

「夢」に日付を入れると「目標」になる

ある本を読んで、私も実際にやってみたのですが、お金を貯めるには「夢に締め切りを設定する」ことがポイントです。

みなさんには夢や、やってみたいこと、成し遂げたいことがありますか？

「海外をバックパックで旅行したい！」

いいですね！　素敵な夢だと思います。

「まだ実家住まいなので、独立してひとり暮らしがしたい」

こういう堅実な夢も、とても素晴らしいと思います。

ところが、続けてこんな質問をすると、たいていの人は言葉に詰まります。

「では、その夢をいつまでに叶えたいですか？」

この質問に、はっきりした答えが返ってくることは、あまり多くありません。

漠然とした夢はあるけれど、まだそこまでは考えていない人が多いようです。

でも、お金が貯まる人ならこのように考えます。

「リフレッシュ休暇が取れる2年後までに50万円を貯めて、ハワイに行きたい！」

そんなふうに、すぐ答えが返ってきます。

つまり、お金が貯まる人の夢には、必ず「締め切り」があるのです。

日付を入れた瞬間から、夢は「目標」に変わります。

「こうなったらいいな」というぼんやりとしたイメージが、現実に目指すべきゴールとして、はっきり設定されるのです。

夢に締め切りを設定すると、「それまでにいくらお金が必要か」という具体的な数字も見えてきます。

たとえば、あなたの夢が「車を買いたい」だったとしましょう。

調べてみると、あなたが欲しい車種は、中古なら72万円で買えるとわかりました。

「72万円か〜。今の給料だと、いつ買えるかわからないな」

夢が夢のうちは、そんなため息で終わってしまうかもしれません。

では、ここで締め切りを設定してみましょう。

「2年後の誕生日に、自分へのプレゼントとして車を買う」

この瞬間、「夢」は「目標」になりました。

では、目標を達成するために、締め切りまでに毎月いくら貯めればよいのでしょう？

「72万円÷24カ月＝3万円」です。

これで、今から貯めるべき金額が明確になりました。

「自動貯蓄」の仕組みをつくって、毎月の給料から3万円ずつ天引きすればいいのです。

あとは24カ月後を待つだけで、「車が欲しい」というあなたの夢は実現します。

「1年後に、世界一周」を締め切りに

私は28歳のとき、「1年後に世界一周旅行をする」という目標を設定しました。

当時交際中だった妻から、「世界一周をするのがずっと夢だった」と聞いていたので、「彼女を喜ばせたい！」と思い、世界一周旅行に行くことを決めたのです。

そして必要な費用や時間などを調べ、締め切りを1年後に設定しました。

締め切りが決まれば、旅行費用を毎月どれくらい貯めればいいかわかるので、お金を着々と貯めることができたのです。

さらに、これを機に会社を辞めて、独立することを決意しました。

サラリーマンのままでは、世界一周できるほどの長い休みは取れないからです。

「よくそんなに思いきったことができたね」と驚かれるのですが、これも夢に締め切りを設定したからできたことなのです。

「起業して仕事を軌道に乗せてから、世界一周へ出かけよう」と決めたので、1年後の締め切りから逆算して、そのためにやるべきことを計画的に進められました。

こうして私は、締め切りを迎えた29歳の春に、妻と世界一周へ旅立つことができました。

「世界一周」と聞くと、「大金持ちじゃないと無理でしょ?」と思うかもしれません。

でも私は、ごく普通のサラリーマンだった20代の頃に、この夢に日付を入れました。

それによって、無理なく着実に目標を達成できたのです。

私はたまたま1年後を締め切りとしましたが、5年後や10年後でもいいのです。

大事なのは、「いつか」で終わらせず、「いつまでに」を設定することです。

そうすれば、目標へ向かって一歩一歩進んでいけますし、目標を達成するために必要なお金を必ず貯めることができます。

「夢」と「目標」の違い

「夢」に締め切りを設定すると「目標」になる

締め切りがないと…

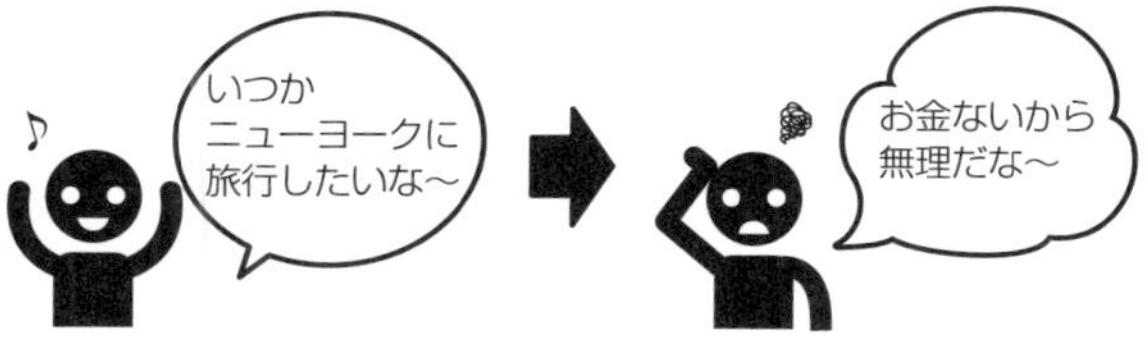

⇒夢は夢のまま終わってしまう

締め切りがあると…

４泊６日でエコノミー利用なら
24 万円のツアーがあるぞ！

⇒「目標」の設定

「24 万円 ÷12 カ月」だから
毎月２万円貯めよう！

⇒１年後の夏休みに、目標を達成！

夢に締め切りを設定すれば
やるべきことが明確になる

②

「1万円」という同じお金でも、使い方によって価値がまったく変わってきます。
お金が貯まる人は、「1万円」をいくらの価値で使っているのでしょうか？

お金が貯まる人は、1万円で得をする
お金が貯まらない人は、1万円で損をする

超大金持ち〝アイハラ師匠〟の教え

前項でお話しした通り、私は29歳の春に世界一周へ出かけました。旅行日数は、94日間。ハワイからスタートし、タイやインドネシア、スリランカなどのアジア諸国から、フランスやイギリスなどのヨーロッパ、アメリカやオーストラリアまで、全17カ国を訪問しました。

旅の中で私は多くの人と出会い、貴重な経験をたくさんしました。

なかでも私に最も強い衝撃を与えた出会いがありました。

マレーシアのペナン島へ移動するフェリーの中で出会った〝アイハラさん〟です。浴衣に下駄というラフな格好で現れた見ず知らずのおじさんが、「君、何してるの?」と私に話しかけてきたのです。

不思議に思ったものの、世界一周をしていること、そのために会社を辞めて起業したばかりだということを話すと、「へえ、そうなの」と興味を持ったようです。

そしてペナン島に着くと、その島で一番高級なホテルに顔パスで入っていき、ラウンジで私に色々な話をしてくれました。

アイハラさんは、自分がいくつかの日本企業で役員をしていること、世界のあちこちに家を持っていることなどを話してくれました。

私は最初、驚きの連続でしたが、超高級ホテルの常連らしいことからも、とても裕福な人だとわかりました。

アイハラさんは、私にこう言いました。

「今日私が言ったことを、1つずつでいいから実行しなさい。そうすれば、きっと仕事も人生もうまくいくよ」

アイハラさんが教えてくれたことを、私は必死にメモし続けました。

書き留めた項目は、70個近くあります。

そのメモは、「アイハラ師匠の教え」として、今でも私の手元にあります。

壁にぶつかったり、大事な決断を迫られたときは、いつもこのメモを見返しています。

「アイハラ師匠の教え」は、たとえばこんなものです。

「500円玉貯金をしなさい」

「スーツは日本製、靴はイタリアのオーダーメイド」

「趣味を持ちなさい。20代は2個、30代は3個、40代は8個、50代は10個」

「お金のことを考えるから、お金のことで悩む」

超お金持ちのアイハラさんからの言葉は、どれも私にとって刺激的なものでした。

「1万円をいくらで使うか？」

その中に、こんな項目がありました。

「1万円をいくらで使うか？」

パッと見ると、不思議なアドバイスに思えますよね。

「1万円は、どう使っても1万円だろう？」

でも、アイハラ師匠はこんなふうに話してくれました。

「1万円を使って、きれいな女性がいるお店にパーッと飲みに行く人もいるだろう。6000円でレンタカーを借り、スーパーで2000円分の食材を買って、家族と一緒

に1人500円で入れる自然公園でバーベキューをする人もいるだろう。

どちらがよいか悪いかではない。

大事なのは、「1万円」というお金を使って、どれだけの価値を得られるかだ」と。


「普段はできない経験をするため」「一流のサービスを知るため」という意味づけをして高級なお店に行くなら、それは1万円以上の価値があるでしょう。

でも、「上司に誘われて、仕方なくついて行っただけ」というのでは、1万円分の価値は得られず、1000円分の元さえ取れずに終わるかもしれません。

「この1万円を使って得られる価値を、いかに最大化するか」を考え、お金の使い方を創意工夫することで、1万円の紙幣が1万円以上の価値を生むことがあるのです。


私は今も、アイハラさんがどこの誰なのか知りません。

「お礼を送りたいので」と言うと、こんな言葉が返ってきました。

「君が有名になったら、どこかでまた会えるよ」

アイハラさんに出会えただけでも、私は世界一周するために支払った旅費以上の価値を得ることができたと思っています。

その１万円でいくらの価値を得るか

同じ１万円札でも
「どう使うか」で得られる価値は大きく変わる

１万円以上の価値を得る人

□「このお金を何のために使うのか？」と意味づけをする
□ 自分が幸せや喜びを感じられるお金の使い方を工夫する

➡ **お金を使って得られる価値を最大化できる**

1000 円の価値も得られない人

□ いつもなんとなくお金を使っている
□ 自分の意志ではなく、「人にすすめられたから」「誘われたから」などの理由でお金を使うことが多い
□ つまらない思いをしたり、損をしたと感じることがあっても「仕方ない」で終わらせてしまう

➡ **せっかくお金を使っても最小限の価値しか得られない**

お金を使って得られる価値は
誰もが同じわけではない！
より高い価値を得られるような
お金の使い方をしよう！

3

行きたくない飲み会に行かなければいけないのも、入社1年目の大きな悩みです。
「節約したいから」と飲み会を断るのは正解でしょうか？

お金が貯まる人は、どんな飲み会も楽しむ
お金が貯まらない人は、〝イヤ〟な飲み会は断る

社会人にありがち な〝お付き合い〟の飲み会

社会人になると、社内外問わず、週に1、2回は飲み会があります。

その中でも、上司との飲み会や接待は憂うつな気持ちにもなるでしょう。

「今日はやっと早く帰れる！」そう思ったのに、突然上司から誘われ、結局終電で帰ることになる。

取引先との接待の場だから、新入社員は気を利かせてすぐにビールを注いだり、料理を取り分けなくてはいけない。

このような飲み会の場では、新入社員は息つく暇もないぐらい気を使って過ごすので、ストレスが溜まったり、上司からの誘いに「面倒だ」と思う人も多いでしょう。

そんなときは、「学生時代の友達と仕事の話抜きで飲みに行きたい」とか、「同期と仕事の愚痴を思いっきり言い合いたい」などと思うこともあるでしょう。

学生時代の友人や会社の同期と飲みに行くことは、ストレス発散やいい気分転換になることも多いと思います。

ですが、ここで2つ考えてみてほしいのです。
①なぜ上司や先輩はあなたを飲みに誘ったり、接待に連れて行ったのか？
②友人や同期との飲み会の頻度は？　同じような話を繰り返したり、携帯をいじっているだけ――なんてことはないでしょうか？

上司があなたを誘う本当の理由

では①のほうから考えてみましょう。

上司はなぜあなたを誘ったのか？　答えはとても簡単です。

ずばり、「普段会社じゃ話せないようなことを話したいから」です。

誰でも最初は新入社員です。あなたの上司にも新入社員だった頃があります。

だから、今あなたが抱えている仕事の悩みも、上司は気持ちがわかります。そのことについて、アドバイスをしてあげたいと思うわけです。

でも、会社だと「もっとこうしたほうがいいよ！」と言っても、なんだか説教くさくなってしまいがちです。

上司はもっとあなたの本音が聞きたくて、あなたを誘っていることが多いはずです。誰も飲み会の楽しい場で説教などしたくはありません。

上司から仕事のアドバイスをもらえたり、悩みごとを相談できたり、上司があなたに対して思っていることが聞けるいいチャンスでもあるのです。

その飲み会の上司のひと言がきっかけでうまく営業ができるようになったり、もしかすると、自分の心の支えとなるようなひと言をもらえるかもしれません。

イヤイヤ行っていた飲み会も、見方を変えれば、役立つものがあるのです。

友達や同期との飲み会は「浪費」なのか？

次に、②について考えてみましょう。

「友達や同期と飲みに行く回数を減らして、上司とだけ飲みに行けってこと？」

そんな声が聞こえてきそうですが、そうではありません。

先ほどもお話しした通り、友達や同期と飲みに行くことは、あなたにとっていい気分転換になるはずです。

「明日からまた仕事頑張ろうね！」

そう言って前向きに別れ、ストレスも発散できる飲み会であれば、今日あったイヤなことも忘れられて、明日から心機一転仕事も頑張れるでしょう。

しかし、このような飲み会が週3回あった場合はどうでしょうか？

どんなに安い居酒屋に行っても最低ひとり2500円はかかるでしょう。

また、頻繁に同じ人と会いすぎて、誰かが話している間、携帯をいじっている……そんな経験はないでしょうか？

週3回2500円使うとすると、1週間に7500円は最低でも使うことになります。

もし、終電で帰れなくてタクシーで帰った日があれば、週の交際費は1万円を超えることになるでしょう。

大学の友達や同期に、上司の愚痴や、仕事の愚痴を話したくなる気持ちは、よくわかります。私にもそんな時期がありました。

しかし、そうやって愚痴を言い合う飲み会よりも、週に一度くらいの頻度で、友達や同期が頑張っている話を聞くと、「俺ももっと頑張らなきゃな！」という気持ちになり、仕事へのモチベーションを高く保つことができました。

また、社外の人と飲みに行くことも、あなたにとって「投資」につながる可能性が高いはずです。

まったく違う業種の人たちと、お互いの仕事について話したり、そのつながりから、また新たな出会いが得られたりもします。

普段、社内の人や友達と話しているだけでは聞けないような話を聞くことができる学びの場とも言えるでしょう。

実際に私も、サラリーマン時代に知り合った異業種の人たちの中に、今も関係が続いている人がいます。

彼らと会うと、「違う分野でこんなに活躍している人がいるのか」と思いますし、異なる業種だからこその観点で話をしてくれるので、学ぶことがたくさんあります。

友人や同期とは時間を気にせず、ダラダラと飲んでしまいがちです。

一方、普段あまり話すことのない上司や先輩と飲みに行くことで、気づけることがたくさんあります。

同じ金額を使うのなら、いつもと違う体験ができたり、話が聞ける機会にお金を使ってみることも、あなたへの「投資」につながるのではないでしょうか？

誰と過ごす時間にお金を使うか

この飲み会に使うお金は「浪費・消費・投資」のどれ？

×　こんな飲み会は「浪費」になってしまうかも…

・この顔ぶれで飲むのは今週3回目
・とくに目的もなく、仕事帰りになんとなく集まる
・話題は上司の悪口や仕事の愚痴

➡ あなたが得られるもの

□ とくになし

○　こんな飲み会は「投資」と考えられる！

・上司から仕事のアドバイスがもらえるチャンスがある
・社外の取引先の人を紹介してもらう
・話題は、それぞれの会社のことや、将来の夢など

➡ あなたが得られるもの

□ 普段は入手できない情報やアドバイス
□ 人とのつながり
□ 外の世界の人たちから受ける刺激
□「自分も頑張るぞ」というモチベーション

「お金を使うことで得られる価値」を常に意識しよう

④

誰でも「形が残る物」にお金を使いたくなるものです。
でも、ふと振り返ったときに「お金を使ってよかったな」と思うのは
「形がないもの」だったりするのです。

お金が貯まる人は、形がないものにもお金を使う
お金が貯まらない人は、形が残る物にしかお金を使わない

自分への「ご褒美」は物・だけじゃない

最近あなたが自分へあげた「ご褒美」はなんでしょうか？

「思いきってブランドもののスーツを新調しました」

「料理が好きなので、高機能のオーブンレンジを買っちゃいました！」

ちょっと奮発してお金を使うのは、大好きな趣味や自分のためという人が多いですよね。

それが励みになって仕事を頑張る気力がわいてきたり、プライベートが充実するなら、とても素晴らしいお金の使い方です。

ただ1つだけ気になるのは、この質問をしたときに返ってくるのが、「物・」にお金を使う、という答えが多いことです。

もちろん、「物・」が人に喜びを与えてくれたり、人生を楽しくしてくれることはたくさんあります。

でも私は、ぜひ「形がないもの」にもお金を使ってほしいと思っています。

「形がないもの」はあなたを成長させる

私が体験した「世界一周旅行」も、形がないものです。

他にも、私のクライアントの方で留学のためにお金を貯めている女性もいらっしゃいます。

留学も形がないものです。それに、期間によっては多くのお金がかかります。

その女性は、大学生の頃にできなかった留学をあきらめきれずに、留学費用を貯めたいという理由で、私のところへ相談に来ました。

知り合いもなく、話している言葉も１００％理解することができない留学は、最初はつらい思いをするかもしれません。

でも留学に行くことで、彼女が日本に帰ってきたとき、大きく成長していることは間違いないと思います。

その他、実家を出て、ひとり暮らしするためにお金を使うことも、形がないものを買うことではないでしょうか。

実家暮らしだと食事、洗濯など生活する上で困ることはほとんどありません。

しかし、ひとり暮らしをしてみると、家に帰ってもご飯が用意されていないという状況や、光熱費や水道代など生きていくのに必要なお金を肌で実感することになります。

そのときに、両親への感謝の気持ちや生活する大変さなどを身にしみて感じることができます。

また、ひとり暮らしをすると、お金の管理の仕方を真剣に考えるようになります。

自分のお金だけでやりくりができるようになることは、今後いくつになっても必要なスキルです。

このような貴重な経験にお金を使うことも1つの選択肢だと思います。

経験にお金を使うことはあなたを豊かにする

私が世界一周にお金を使ってよかったと思う理由は、親孝行ができたことです。

私の母は種子島生まれで水平線しか見たことがなく、「いつか外国で地平線を見るのが夢だ」とよく話していました。

そこで、世界一周の途中でオーストラリアのエアーズロックへ立ち寄ったとき、私が航空券をプレゼントして母を現地に呼び寄せたのです。

そこから見た地平線はとても美しく、母は感激していました。

その様子を見た私も、本当に嬉しくなりました。

「親孝行」も形には残りません。でも母の夢を叶えてあげたことで、私は改めて「自分は人に喜んでもらうことが自分の幸せになる」と実感できました。

いえ、「叶えてあげた」という言い方は適切ではありませんね。

母に育ててもらった恩返しができたと言うべきでしょう。

人への感謝を示すために、お金を使うのは素敵なことだ。

このとき、私はそう実感しました。


このような経験は、形ある物として残らなくても、もたらされる幸せや喜びは、ずっと自分の中に残り続けます。

形のないものにお金を使えるようになると、あなたの人生はさらに素敵なものになるはずです。

形がない「経験」がもたらすもの

「お金が貯まらない人」は…

「物」が人生を豊かにすると思っている

ブランドの
バッグ

最新家電

高級
マンション

⇒それが手に入れば本当に幸せ？

「お金が貯まる人」は…

「経験」が人生を豊かにすると知っている

家族や友人、
恋人と
過ごす時間

ひとり暮らし
などの初めての
チャレンジ

旅行など
自分の価値観を
変えるもの

かけがえのない経験にお金を使うと
一生残る幸せや喜びが返ってくる

経験や時間にお金を使うから
人生は楽しく豊かになる

5

お金が貯まる人の貯金は、ワクワク
お金が貯まらない人の貯金は、ユウウツ

お金が貯まる人は、「楽しみ」のためにワクワクしてお金を貯めます。それに対して、お金が貯まらない人はお金を貯めることが「目的」になってしまっているので、ユウウツな気持ちでお金を貯め、長続きしないのです。

あなたは何のためにお金を貯めたいのか？

さて、いよいよ最後の項目になりました。

ここであなたに改めて質問します。

「あなたは何のために、お金を貯めたいのですか？」

「なんとなく将来が不安だから」

まだ若い人なら、そんな漠然とした理由が多いかもしれません。

でも〝漠然とした不安〟に終わりはありません。

いくらお金を貯めて、何ができるようになれば安心なのか。

それがはっきりしないうちは、いくらお金を貯めても不安なままです。

そのうち努力を続けるのに疲れて、「自分は一体何のためにお金を貯めているんだろうか」とむなしくなるときがやってくるでしょう。

お金を貯めることそのものが目的だと、いつかそれが苦痛になってしまいます。

お金は好きなことのために貯めればいい

お金を貯めるのは、本来とても楽しいことです。

では、どうすればそうなれるのでしょうか？

それは「貯めたお金を何に使うのか」という目的をはっきりさせることです。

難しく考える必要はありません。

今のあなたが好きなことや興味のあることを、目的にすればいいのです。

「興味があること？　そういえばこの前、知り合いに船で釣りに連れて行ってもらって楽しかったな。自分でも船を運転できたらいいだろうなあ」

いいですね！　それをぜひ、お金を貯める目的にしましょう。

「小型船舶の免許を取るために、お金を貯める」

どうですか？　聞いただけで、何だかワクワクしてきませんか。

少なくとも「老後が不安だから、お金を貯める」より楽しいですよね。

この目的を果たせたら、次はこう考えるかもしれません。

「せっかく免許を取ったんだから、自分の船を持ってみたいなあ」

だったら次は「自分の船を買うために、お金を貯める」を目的にしましょう。

目標の金額が貯まる頃には、あなたは船のオーナーです！

どうでしょう。ますますワクワクしてきませんか？

実際は目標のお金が貯まっても、船は買わないかもしれません。

その頃には結婚していて「新居を買う頭金にしたい」と思うかもしれないし、子どもができて「船より車を買いたい」と思うかもしれません。

それならそれでかまわないのです!!

人生で優先したいことはその時々で変化しますから、貯めたお金をどう使うかは、そのときのあなたが判断すればいいだけです。

それよりも大事なのは、「お金を貯めるプロセスをいかに楽しむか」です。

私も20代で「世界一周旅行をする」という目的がはっきりしてからは、「お金を貯めるのは、これほど楽しいものだったのか」と驚きました。

その目的を果たした今、私には次の目標があります。

まずは39歳で、2度目の世界一周旅行をします。

今度は妻だけでなく、子どもも一緒の家族旅行です。

そして55歳になったら、「宇宙旅行」をするつもりです。

現在の宇宙旅行の相場は、1人当たり25万ドルです。

今の為替なら約2700万円ですが、その頃には宇宙旅行の価格も下がっているでしょう（期待を込めて!!）。

いずれにしろ、宇宙へ行く自分の姿を想像すると、今から楽しみでなりません。

そのことを考えると、自然と仕事へのモチベーションも上がっていきます。

お金が貯まる人は、貯まったお金を使って楽しむだけではありません。

お金を貯めるプロセスそのものも、思う存分楽しんでいるのです。

あなたにもぜひ、それを体験してほしいと願っています。

この本で話してきたことを、1つずつでいいので、今日から実践してみてください。

あなたもその瞬間から、「お金が貯まる人」の仲間入りです。

お金を貯めるモチベーションが続く秘訣

あなたは何のためにお金を貯めたいのですか？

「なんとなく将来が不安だから…」
「お金がないより、あったほうがいいから…」

↓

目的があいまいだと
お金を貯めるのが苦痛になる

○ 「好きなアーティストの海外公演に行くため」
○ 「南の島でダイビングを楽しむため」
○ 「趣味のバイクをカスタマイズするため」

↓

好きなことや興味があることのためなら
お金を貯めるプロセスも楽しめる

↓

**モチベーションが続くので
お金がどんどん貯まっていく！**

**お金を貯めるのは、
本来とても楽しいこと。
あなたもそのワクワク感を味わおう**

読者限定
無料プレゼント!

ここまで読んでくださったあなたが、もっと「お金が貯まる人」に近づけるよう、「お金が貯まらない人」が「お金が貯まる人」に変わった生の事例を特別に紹介します！

【実録！】
「お金が貯まらない人」が「お金が貯まる人」に変わった厳選エピソード３連発！

【実録 1】 400 万円の借金地獄から脱出し、貯金体質に変貌を遂げた 29 歳独身 OL の話

高額セミナーなどで、５つの金融機関から計 400 万円もの借金をしていた 29 歳女性。最悪の状況から、毎月の返済額を1/3まで減らし、貯金まで可能にしたある方法とは？

【実録 2】 貯金ができなかった 20 代夫婦が、着実に資産を増やしていった「投資手法」と「仕組みづくり」とは？

激しい支出はないのに、なかなかお金が貯まらない新婚夫婦。そんな２人が、将来の子どもの教育資金のために、着実に資産を増やしていった投資手法と仕組みづくりを公開！

【実録 3】 浪費グセの激しい 31歳男性が、貯金ゼロから１年間で約 200 万円の貯蓄に成功した秘策とは？

激しい浪費グセ、ムダな保険にも多く加入。貯金ゼロの 31 歳男性が、年間 200 万円の貯蓄に成功したとっておきの秘策とは？

詳細は下記ホームページへアクセスください。

http://crea-lp.com/money-special/

※特典の配布は予告なく終了することがございますので、予めご了承ください。

※特典はインターネット上のみでの配布になります。予めご了承ください。

〈著者紹介〉

工藤 将太郎（くどう・しょうたろう）

株式会社クレア・ライフ・パートナーズ代表取締役社長。

1983年、大分県生まれ。日本生命入社後、外資系金融機関（証券・銀行・投資顧問）や、私立大学を中心とした学校法人の確定拠出年金や、弔慰金制度などの福利厚生制度の構築に従事。企業の人事部だけでなく、財務部や各営業セクションとのRM（リレーションシップマネジメント）に注力する。

その中で、「なぜ日本人は生命保険ばかりに頼るのか？」という疑問を持ち、不動産投資や海外投資などの生命保険以外の将来対策を実践。一人ひとりに適した、本当のクライアント目線で金融商品を提供したいと考え、トータルファイナンシャルプランニングをおこなう株式会社クレア・ライフ・パートナーズを設立。

自身も会社員時代に浪費グセがあったが、やりたいことを我慢せずに勝手にお金が貯まる「自動貯蓄」に取り組み、約1,400万円の貯蓄に成功。その貯蓄で、29歳のときに念願だった妻との世界一周旅行を達成。

クライアントのよき兄貴的な存在として、的確なライフプランの設計とアドバイスで、やりたいことのためにお金を貯める楽しさを伝えている。

「自動貯蓄」をはじめとするお金が貯まるノウハウを伝授する一方、1ジャンルに偏らない、さまざまな金融商品を知ることの大切さを伝え続け、多くのお金が貯まらない20代、30代を、「お金が貯まる人」に変えてきた実績を持つ。

著書には『30歳からはじめる 一生お金に困らない蓄財術』（幻冬舎メディアコンサルティング）がある。

〈連絡先〉
株式会社クレア・ライフ・パートナーズ
http://crea-lp.com/

入社1年目から差がついていた！

お金が貯まる人は何が違うのか？

2017年4月27日　第1刷発行

著　者――工藤 将太郎
発行者――八谷 智範
発行所――株式会社すばる舎リンケージ
〒170-0013　東京都豊島区東池袋3-9-7　東池袋織本ビル1階
TEL 03-6907-7827　FAX 03-6907-7877
URL http://www.subarusya-linkage.jp/
発売元――株式会社すばる舎
〒170-0013　東京都豊島区東池袋3-9-7　東池袋織本ビル
TEL 03-3981-8651（代表）
03-3981-0767（営業部直通）
振替 00140-7-116563
URL http://www.subarusya.jp/
印　刷――株式会社シナノ

落丁・乱丁本はお取り替えいたします

ISBN978-4-7991-0572-6